남아 있는 시간을 위하여

남아 있는 시간을 위하여

1판 1쇄 발행 2018. 2. 8.
1판 11쇄 발행 2023. 6. 26.

지은이 김형석

발행인 고세규
편집 강영특 | **디자인** 지은혜
발행처 김영사
등록 1979년 5월 17일(제406-2003-036호)
주소 경기도 파주시 문발로 197(문발동) 우편번호 10881
전화 마케팅부 031)955-3100, 편집부 031)955-3200 | **팩스** 031)955-3111

값은 뒤표지에 있습니다.
ISBN 978-89-349-8062-9 03100

홈페이지 www.gimmyoung.com   블로그 blog.naver.com/gybook
인스타그램 instagram.com/gimmyoung   이메일 bestbook@gimmyoung.com

좋은 독자가 좋은 책을 만듭니다.
김영사는 독자 여러분의 의견에 항상 귀 기울이고 있습니다.

김
형
석

남아 있는 시간을 위하여

100세 철학자의 대표산문선

김영사

　나는 수필이나 수상문을 쓰는 작가가 될 생각은 없었다. 젊은 사
람들 인생에 무엇인가 영원한 것을 사랑하는 마음을 안겨주고 싶었
다. 그 염원에서 태어난 것이 《영원과 사랑의 대화》라는 초창기의
작품이었다. 그 책의 메아리가 60년 가까이 되는 오늘에까지 이어
질 줄은 상상하지 못했다. 지금도 나는 많은 독자들로부터 그 내용
에 관한 감사의 인사를 받는다. 심지어는 책에 등장하는 수도자가
어떻게 되었느냐고 묻는 이들도 적지 않다.

　그로부터 반세기가 지나는 동안에 나에게도 많은 변화가 있었고,
사회 현실도 숨 가쁘게 발전을 거듭했다. 그러나 우리 인간들의 근
본적인 물음에는 변화가 없다. "무엇을 위하여 어떻게 살아야 하는
가" 하는 질문은 누구에게나 남아 있다. 그것은 철학자나 종교인의

　　　　　　　　　　　　　남아 있는 시간을 위하여

문제만이 아니다. 자살의 충동을 느끼는 청소년의 문제이기도 하고, 사회 지도자들의 과제이기도 하다. 그 문제를 외면하거나 포기하는 사람은 인간다운 삶을 찾아 누리지 못하는 불행한 인간이다.

나도 같은 문제를 갖고 백수白壽를 맞이하는 오늘까지 삶의 의미와 가치를 찾아온 셈이다. 그 열정은 인생의 마지막에 가까워질수록 더욱 간절해진다. 이전과 다른 바가 있다면 나 자신을 위한 고민보다는 우리 모두와 함께하는 무거운 짐이라는 사실이다. '내'가 아닌, '우리'는 무엇을 위해 어떻게 살아야 하는가 하고 묻지 않을 수 없게 되었다.

그 질문을 공유하는 '우리'는 누구인가. 나를 포함한 철학도에 국한되지도 않으며 관심을 가져온 종교 지도자에게 맡겨둘 문제만도 아니다. 나이의 많고 적음이 문제되지 않는다. 인간은 누구나 젊음을 거쳐 늙도록 되어 있기 때문이다. 신분이나 직업의 차이가 있는 것도 아니다. 인간답게 살려고 하는 사람은 누구나 외면할 수 없는 삶에 대한 질문이다. 한 지성인으로서의 문제이기도 하나 지금과 같은 사회적 현실에서는 한 국민으로서의 과제이기도 하다.

그 물음에 대한 내 대답에는 변함이 없다. 그래도 인생은 선하고 아름다운 것이라고 생각한다. 인간은 많은 고통과 불행을 스스로 만들어왔다. 자연의 아름다운 질서를 보고 선한 혜택을 받으면서도 우리는 그것들을 등지고 살았다. 개인의 욕망과 만족을 위해 더불어 살아야 할 이웃들을 배신과 불행으로 몰아넣기도 했다. 사랑을 증오로 바꾸고 누구나 찾아 누릴 수 있는 행복을 스스로 내던지는 어리석음을 택하기도 했다. 때로는 악마도 저지를 수 없는 범죄를 뉘우침 없이 감행하기도 했다.

그렇다고 선으로 향하는 의지가 사라진 것도 아니며 사랑과 아름다움을 염원하는 인간애의 희망이 소멸된 것도 아니다. 온갖 고통과 불행의 원인은 한 가지 무책임과 상실에서 비롯된 것이다. 인간애의 결핍과 포기였다. 인간은 자신의 삶과 인격을 존중히 여길 줄 알아야 하며, 상대방에 대한 배려와 사랑을 가벼이 여겨서는 안 된다. 인간은 내가 나를 위하는 것같이 서로가 사랑함으로 행복과 희망을 창조할 권리와 의무를 갖고 태어났다.

우리에게 주어진 이러한 경건한 의무와 책임을 생각하면서《영원과 사랑의 대화》이후에 씌어진 글들을 선별해 모은 것이 이 한 권으로 묶인 것이다. 첫 번째 글이자 표제작인 〈남아 있는 시간을 위하여〉는 새로 써서 추가했다. 나에게 남겨진 시간이 길지 않은 것을 잘 알고 있다. 그러나 인간은 누구나 주어진 현재가 최상의 시간이라는 것을 깨닫는다면, 선하고 아름다운 삶을 통해 행복을 찾아 누리려는 신념과 용기를 가져야 한다.

많은 독자들의 공감과 사랑을 받은 글들이기 때문에 좋은 글벗이 되리라고 믿는다. 글을 쓸 때 내가 가졌던 마음이 그대로 독자들을 통해 보람 있는 삶을 사모하는 이들에게 소중한 선물이 되었으면 좋겠다. 내가 쓴 글에 스스로 만족하는 경우는 많지 않다. 그러나 나는 지금도 내 글을 읽으면서 눈물을 느끼기도 하고 마음의 다짐을 굳히기도 한다. 글은 저자를 떠나면 스스로의 내용을 갖고 다가오

는 것이다. 내가 지니고 있던 보물단지 속의 아끼던 물건들을 사랑
하는 독자들에게 마음의 선물로 내놓는 심정이다. 도와주신 여러분
에게 감사의 뜻을 전하고 싶다.

2018년 정월, 백수를 맞이하면서

김형석

영원을 꿈꾸는 이의 사색 _종교론

조금, 오래된 이야기들 _책 속 수필선

잃어감에 관하여

상 실 론

그렇다고 누군가에게 동행을 요청할 수도 없다.

외로움은 밖에서 찾아드는 것이 아니고

마음속에서부터 차오르는 것이기 때문이다.

남아 있는 시간을 위하여

모든 사람에게는 자기 인생의 길이 있기 때문에 공통점은 있으나 동일성은 있을 수 없다.

나는 오십 대 중반까지는 주어진 일 때문에 세월이나 시간에 대해 자기반성은 갖지 못했다. 젊음에 관해서도, 늙어간다는 생각도 해보지 못했다. 오십 대 중반을 넘기면서부터는 앞으로 무엇을 어떻게 할 것인가를 묻기 시작했다. 건강 문제는 어떻게 대처해야 하며 앞으로 얼마나 더 지금과 같이 일할 수 있을까를 예측해보기 시작했다. 어떤 인생관과 가치관을 갖고 사회생활을 보람 있게 개척해갈 수 있을까에도 관심을 두지 않을 수 없었다.

그러다가 육십오 세가 되었다. 30여 년 동안 봉직해오던 대학생활을 끝내게 되었다. 학생생활까지 합치면 50여 년 동안 몸담고 살았던 학원 생활을 끝내게 된 것이다. 그해에 연세대 총장이었던 백낙준 선생의 장례식이 있었다. 구십 세라면 높은 연세였다. 윤보선 대통령도 참석했다. 구십삼 세의 고령이었다. 집으로 돌아오면서 생각해보았다. '나는 구십까지는 생존할 자신이 없다. 길게 잡아 팔십오 세까지 산다면 앞으로 20년의 시간이 남아 있다. 주어진 20년을 어떻게 살아야 하지?'라고 물었다.

주어졌던 일터에서는 내가 원해서 떠난 것이 아니라 버림받은 것같은 허전함을 느꼈다. 갑자기 이제부터는 나도 늙기 시작하는구나하는 상념에 사로잡혔다. 그러나 지금까지는 주어진 일터에서 맡겨진 직책을 맡아왔으나 앞으로는 내가 사회를 위해 일을 만들어가는 새 출발을 하자고 다짐했다. 대학을 은퇴한 것이 아니라 대학을 졸업했다고 생각한다면 졸업생은 사회로 나가 새 출발을 해야 한다.

학교 교육이 사회 교육으로 바뀐 것이다. 내가 원했던 대로 20여년은 그렇게 살았다. 그 나이가 되니까 오라는 곳은 별로 없으나 할일은 많은 곳이 우리 사회다. 나도 모르는 사이에 구십을 맞게 되었다. 아직도 우리 사회에서 구십 고개는 평탄한 길이 아닌 것 같다. 친구들과 주변 사람들이 점차 떠나가기 시작했다. 심지어는 후배들과 제자들까지도 먼저 보내는 경우가 생긴다.

다시 한 번 '나는 어떻게 하지?'라고 물어야 했다. 이제부터는 남은 것이 세월이 아니고 시간이라는 긴박감이 찾아들기 시작했다.

어느 날 늦은 오후였다. 20년 동안 거닐던 산책을 멈추고 서쪽을 바라보았다. 그날따라 서산에 걸린 태양빛이 장엄했다. 그 남겨주는 황금빛이 여의도 일대까지 장식해주는 듯싶었다. 해는 곧 산 뒤로 자취를 감추고 세상은 어둠 속으로 잠겨들 것이다. 문득 이상한 생각이 떠올랐다. '해가 지는 데 몇 분이 걸릴까. 내 나이도 저 태양과 같은 순간에 이르고 있는데 몇 해나 남아 있을까. 몇 해라기보다는 어느 정도의 시간이 주어져 있을까. 그 시간 동안에 나는 무엇을 해야 하는가?'라고 물었다.

내가 존경했던 17세기의 철학자 스피노자는 "내일 지구의 종말이 온다고 해도 나는 그때까지 사과나무를 심겠다"고 말했다던 생각이 떠올랐다. 나는 이제 곧 다가올 내 삶의 마지막 시간까지 무엇을 할까.

내 모친은 교육을 받지 못한 자연인 그대로 자란 분이다. 그래도 죽음을 앞에 두고 아들인 나에게 차분히 유언을 했다. 여러 가지 얘기를 하신 후에 "내가 가고 병중에 있는 네 처까지 오래지 않아 떠나게 되겠는데, 그때는 집이 비어서 어떻게 하지…?"라면서 내 표정을 살피셨다. 그것이 마지막 유언이었다. 그때 나는 어머니의 말뜻을 깨닫지 못했다. 어머니께서 남기신 뜻은 "여러 가지 생각이 있겠지만 나는 네가 혼자서 남아 외롭게 사는 것을 바라지 않는다. 재혼이라도 해서 행복해졌으면 좋겠다"는 사랑이 담긴 충고였다.

그리고 7년 후에 아내가 내 곁을 떠났다. 그로부터 17년을 혼자 지냈다. 어머니가 어디선가 "내 말을 들었으면 좋았을 텐데…"라고 언짢아하는 것 같은 생각이 들기도 한다.

어머니의 남은 시간의 가장 소중한 책임의 하나는 아들에 대한 유언이었다. 그다음부터는 10여 일을 이전과 같이 조용히 지내시다가 눈을 감으셨다.

아내는 아무 말도 남기지 못하고 우리 곁을 떠났다. 하고 싶은 말이야 수없이 많았겠지만 이미 의식 자체가 불완전한 상태였다. 아내는 발병하고 수술을 받은 직후부터 23년 동안 어느 정도의 의식은 있었으나 한마디의 말도 못하고 지냈다. 대뇌의 언어 기능 부위가 망가졌던 것이다. 내 말을 듣고 난 후의 표정을 보아 아내의 마음을 읽어야 했다.

늙은 셋이 지내다가 나 혼자 남았다. 그런데 이상한 일이다. 10여 년 동안 나는 어깨에 쌀가마니 두 개를 지고 사는 것같이 힘들었다. 구십을 넘긴 모친과 병중의 아내를 책임 맡고 있었으니까. 너무 힘들었다. 우리 교회의 목사님은 나의 애처로운 모습이 안타까웠던 것 같다. 병중에 있는 아내를 심방하게 되면 "하나님께서 사랑하는 권사님을 찾으셔서 편히 쉬게 하시고, 교수님께서 더 많은 일을 할 수 있도록 이끌어주시면 감사하겠다"는 기도를 드리기도 했다. 나도 생각해보면 23년의 긴 세월을 어떻게 보냈는지 모를 정도였다.

그래서 모친을 보내고 났을 때는 쌀가마니 하나를 내려놓는 것 같은 느낌이었다. 아내를 보내면서도 주어진 무거운 책임에서 벗어난 듯한 허전함이 찾아들었다. 그런데 뜻하지 않았던, 이제는 나 혼자라는 외로움과 서글픔이 전신을 감싸는 것 같았다. 사랑을 주고받을 삶의 앞길이 없어진 것이다. 두 분의 사랑을 영원히 받지 못하

남아 있는 시간을 위하여

게 된 것이다. 어머니의 하늘만큼 높았던 사랑이, 아내의 바다보다 깊었던 사랑이 사라진 것이다. 어머니는 눈을 감으시면서도 나를 찾았고 아내는 병중의 긴 세월을 보내면서도 자신보다 나를 더 사랑하고 있었다. 그 사랑의 세월이 사라진 것이다. 그런 사랑이 없으면 나는 살아갈 수가 없을 것 같은 허탈함이 찾아들었다.

그러나 내 마음 밑바닥에서부터 한 생각이 피어올랐다. 이제부터 두 분에게 받은 사랑을 더 많은 사랑해야 할 사람들에게 나누어주어야겠다. 그것이 모친과 아내가 나에게 남겨준 마음이었다. 아내는 내가 많은 사람들을 위해 일해줄 것을 염원하고 있었다. 그것이 아내의 기도이기도 했다.

그렇게 해서 혼자 새 출발을 했다. 집은 비었지만 일터는 비어 있지 않았다. 열심히 일했다. 주어지는 일들이 있어 외로움을 극복할 수 있었다. 일하는 동안에는 많은 사람을 만났다. 그 사귐이 새로운 차원의 사랑을 만들었다. 애정이 우정으로 바뀌었고 그 우정은 인간애를 깨닫게 했다. 외로움 대신에 사명의식 비슷한 문이 열리는 것 같았다.

그때 사랑하는 두 가족 대신에 내 옆에 서 있는 두 친구가 있었다. 안병욱 선생과 김태길 교수였다. 우리는 50년 동안 우정을 쌓았고 함께 일했다. 나는 김태길 교수가 서울대로 갔다는 소식을 외국에서 들었을 때는 마음이 무거웠다. 그러나 김 교수는 서울대 철학과의 새로운 터전을 만들었다. 안병욱 교수도 함께 있다가 떠났기 때문에 허전함을 남겨주었다. 그러나 떠나갔기 때문에 숭실대학에 큰 업적을 남겼다. 그 뒤부터 우리 셋은 세 대학에서 우리 사회를 대표하는 철학계의 삼총사 역할을 담당했다. 많은 후배와 제자들의 사랑을 받는 일꾼이 되었다. 두 분 다 나에게는 많은 도움과 가르침을 남겼다.

그러나 세상사는 처음이 있으면 끝이 있는 법이고, 만났던 사람들은 헤어지게 마련이었다. 내가 구십을 맞이하기 전해에 김태길 선생이 먼저 세상을 떠났다. 바쁘지만 좀 자주 만나서 즐거운 시간을 가져보면 좋겠다는 전화를 걸었다. 김 선생은 아직 마무리해야 할 일들이 많아서 좀 기다리자는 얘기를 했다. 그래도 누구보다도 많은 일을 했고 그 많은 일들을 다 마무리하고 조용히 우리 곁을 떠났다. 내가 구십을 넘긴 다음해에 안 선생 집을 찾았다. 휠체어에서 나를 맞이했다. 반기는 표정과 웃는 모습은 옛날과 다름이 없었다. 그러나 다시 옛날로 돌아갈 수 없어졌다는 생각은 지울 수가 없었다. 나를 보내는 안 선생은 예전과 다름없이 오른손을 들어 보이면서 "다시 봅시다"라고 말했다. 목소리에도 변함이 없었다. 그런데 나는 돌아서면서 '많은 시간이 남지 않은 것 같다'고 생각했다. 그것이 마지막으로 우리에게 주어진 시간이었다. 그래도 감사한 것은 안 선생이 잠든 강원도 양구 호숫가에 내가 잠들 곳도 준비되어 있다는 마지막 축복이다.

두 여인이 떠나 가정이 비었는데, 두 친구가 먼저 간 후에는 세상이 비어버린 것 같아졌다.

그래도 나를 위한 시간들이 아직은 남아 있다. 누군가 사랑하는 사람이 옆에 와 "힘드시지요?"라고 물으면 나는 "예, 그래도 사랑하는 사람들이 있어 행복합니다"라고 대답할 것 같다.

자연 그리고 친구

아침에 산길을 거닐다가 문득 친구였던 김하용 형 생각이 떠올랐다.

내가 10여 년 전 이곳으로 이사를 온 동기의 하나는 집 뒤에 있는 높지 않은 산 때문이었다.

우리 집에서 조금만 걸으면, 언덕이라고 보기에는 좀 높고 산 이름은 붙어 있지 않은 낮은 야산이 있다. 그래도 나무와 숲길은 갖추고 있었다.

아침 해 뜰 무렵을 전후해서는 산을 다녀오고, 책을 읽거나 원고를 쓰다가 머리가 무거워지면 숲 속을 산책하는 습관이 굳어졌다. 강연 내용도 구상해보고 원고의 주제를 더듬어보는 시간도 된다.

남아 있는 시간을 위하여

처음 이사를 왔을 때는 산의 3분의 1쯤을 걸었다. 잡초가 우거졌고 나무가 빽빽하기 때문에 더 높이 올라가는 것이 부담스럽기도 했다. 그러던 것이 조금씩 용기가 생겼다고 할까. 높은 꼭대기까지 오르기도 하고 서쪽과 북쪽 동네가 보이는 산기슭까지 산책로를 확대시켜갔다.

이사 온 지 5, 6년이 지난 후에는 길이 생기고 공원으로 만든다는 공사가 시작되더니 지금은 산책객도 많아지고 출퇴근하거나 등하교하는 학생들의 도로가 되고 말았다. 서쪽 동네에는 야간 조명까지 설치해 작은 공원으로 변했다.

다니기에는 편해졌지만 나와 같은 산책꾼에게는 많은 것을 빼앗긴 것 같은 생각이 들기도 했다. 요사이는 아침 산책을 즐기는 사람이 많아졌다. 애완견을 데리고 나오는 노인들, 두세 명씩 짝을 지어 다니는 아주머니들, 제법 등산복을 갖추고 돌아다니는 사람들. 팔과 어깨를 앞뒤로 흔들면서 빠른 걸음으로 달리는 장년들도 있다.

많은 사람이 즐기는 고장으로 바뀌었는데 불만스러워 할 자격은 누구에게도 없다. 오히려 축하해야 할 일인지도 모른다. 그러나 세월이 지나는 동안에 인간은 독한 동물이라는 생각이 떠오르곤 한다. 나와 우리가 산을 즐기는 동안 산은 점점 황폐해지고 있다. 꿩을 비롯한 큰 날것들은 자취를 감추고 때때로 눈에 띄던 다람쥐와 작은 들짐승들이 줄어들기 시작했다. 내 키보다도 높이 자라던 잡초들은 언젠지 모르게 사라지고 발 옆까지 날아들던 산비둘기들의 모습도 줄어들고 있다. 사람이 늘면 자연은 병드는구나 하는 우려를

떨칠 수가 없다. 물론 나도 그중의 한 사람이지만⋯. 어떤 때는 차를 몰고 올라왔다가 돌아서지 못해 애태우는 젊은이들도 생긴다.

요사이는 환경오염과 파괴가 인류 전체의 과제로 떠오르고 있다. 생각해보면 문제는 간단하다. 사람이 가는 곳에는 자연은 병들고 환경은 오염되도록 되어 있다. 자연을 위해서는 인간은 바람직스러운 존재가 못 된다. 지구 위의 원시자연만큼은 보존해야 한다고 떠든다. 그러나 그렇게 주장하는 사람들이 곧 자연을 정복, 지배하려고 한다.

환경운동에 앞장서곤 하는 한 후배 교수의 말이 생각난다. '자연은 우리의 어머니'로 믿고 살아야 한다는 것이다.

이런 과정을 밟는 동안에 나는 산책하는 심정을 조금씩 바꾸어가게 되었다. 자연을 즐기는 만큼 자연에 감사하며, 숲길과 나무들은 모두가 나를 반기며 따뜻하게 감싸준다고 느낀다. 크지는 않아도 자연의 품에 안기는 시간은 가난해도 따뜻한 어머니의 품에 안기는 것 같은 포근함이 있다. 그래서 사람이 적은 오전 시간과 저녁때는 산책을 즐긴다. 가장 정취가 풍부한 시간대는 해뜨기 전후와 해지기 전후이다. 그때는 조용한 변화와 여유로운 정취를 더해주기 때문이다.

자연은 소박하면서도 정직하다. 말없이 계절의 변화를 잘 알려준다. 어김없이 사계의 아름다움과 바뀌는 풍취를 깨닫게 해준다. 벚꽃 잎이 담뿍 깔린 이른 봄이 지나면, 깊이를 알 수 없는 녹음이 우리의 시야를 가린다. 더위를 피할 양으로 책을 들고 올라갔다가는

남아 있는 시간을 위하여

소나기를 만나 옷을 적시며 내려오는 여름이 된다. 늦가을부터 단풍이 들기 시작하는가 싶으면 낙엽으로 가득한 오솔길을 거닐게도 된다. 눈이 내린 아침은 일찍 산책을 떠난다. 아무도 걷지 않은 길 위에 내 발자국을 먼저 남겨보고 싶은 욕심이다. 어렸을 때 십 리가 넘는 등굣길이 항상 그래왔기 때문일까. 눈이 오면 동심이 된다. 소나무 가지가 부러질 듯이 흰 눈을 이고 있다. 흔들어주면 눈 소나기가 된다. 그때는 강아지를 데리고 나선다. 나보다 더 눈을 즐기는 놈은 강아지들이다.

산은 작아도 이런 변화는 즐길 수 있으며 10여 년을 거르지 않고 다녔기 때문에 뒷산 산책은 내 삶의 소중한 일부가 되어버렸다.

오늘은 높은 정상(말하기는 쑥스러운 언덕 위지만)에 올라가 북한산 쪽을 바라보았다. 어제 비가 온 때문일까. 멀리 둘러 있는 산이 가까이 시야에 들어왔다. 가보지는 못했지만 산등성이에는 흔들바위 같은 큰 바윗돌이 뾰족한 암벽 위에 놓여 있다. 저놈의 바윗돌이 굴러 떨어질 때까지 살아보았으면 좋겠다면서 혼자 웃은 일이 있다. 비바람으로는 꿈쩍도 않을 것이다. 크게 벼락이라도 친다면 모를까? 몇백 년을 저렇게 놓여 있었을 것이며 앞으로 천 년도 그 자리에 있을지 모른다. 아마 그럴 것이다. 그런데 어째서 저 바위가 굴러 떨어질 때를 상상했을까. 내가 오래 살고 싶다는 욕심은 아니었을 것이다. 지금 집으로 이사한 다음 해 모친이 가셨다. 그리고 7년 뒤에는 아내도 갔다. 아내가 병중에 있을 때여서 그런 부질없는 생각을 해보았을까.

하늘이 가려 햇볕이 보이지 않는 숲길을 내려오는데 갑자기 김 형 생각이 떠올랐다.

김 형은 나와 같이 평양에서 중학교 졸업 후에 서울로 올라와 세브란스 의학전문학교에 다녔다. 내과 전문의사가 되었다. 서울 적십자병원 내과 과장으로 있을 때 다시 만났다. 내가 연세대에 부임하고 얼마 안 됐을 때였다. 그 후부터 우리는 다시 옛 우정을 이어가게 되었다.

김 형은 실력 있는 의사다운 의사였다. 그 즈음 나는 가벼운 폐결핵으로 고생한 일이 있었다. 김 형의 도움으로 3개월 후 완치되는 은혜를 입었다. 그 당시만 해도 옛날이었기 때문에 많은 내과 환자들이 김 형의 도움을 받았다. 우리 동창들은 물론 내 가족들도 부담스럽지 않은 치료의 혜택을 누렸다. 환자를 위한 정성에서는 누구도 따라갈 수 없는 인술을 베풀곤 했다.

후에는 개업의가 되었다. 그런데 많은 의사들이 부자가 되는데 김 형만은 언제나 가난한 의사로 머물렀다. 환자 중심의 양심적인 의사였기 때문이라고 친구들은 말했다. 환자가 '주사라도 맞았으면 좋겠다'고 청하면 '주사는 아무 도움도 되지 않습니다. 2, 3일 지나면 좋아질 것입니다' 하는 식이었다. 내가 보아도 김 형만 못한 친구들이 다 돈을 벌고 별장을 사느라고 야단인데 김 형은 그런 욕심은 그림자조차 보이지 않았다. 그 당시 의사로서는 격에 어울리지 않는다는 생각이 들었다. 그런데 윤일선 박사 같은 의학계의 원로들도 김 형의 치료를 받는 때가 있었고, 숙부였던 김재준 목사와 주변 인사들도 김 형을 찾아오곤 했었다. 그 재미로 만족하고 행복한 세월을 보냈는지 모른다.

그 후에는 부인의 건강을 위해 일본으로 직장을 바꾸었다. 환경을 바꾸는 것이 좋겠다는 선택이었을지 모른다. 그러나 몇 해 뒤 부인은 일본에서 세상을 떠나고, 김 형은 일을 마무리 지을 때까지 일본에 남아야 했던 것 같다.

어느 해인가, 내가 캐나다 토론토에 갔을 때였다. 교포 교회를 위한 집회를 끝내고 김 형의 숙부인 김재준 목사를 방문, 인사를 드리러 갔을 때였다. 김 목사님이 "김 교수는 우리 하용의 자세한 소식은 듣지 못했지요? 어젯밤 전화가 왔는데 일본에서 죽었답니다"라는 것이었다. 타향에서 친구의 서거 소식을 듣다니, 마음이 아팠다. 그러나 나보다 더 큰 슬픔을 참고 있는 목사님의 심정을 헤아려 위로의 말도 찾지 못했다.

김 형은 일찍 부친을 여의었다. 그래서 숙부인 김 목사 슬하에서 자랐다. 김 형의 온화스러우면서도 강직한 성품은 숙부로부터 이어받았을지 모른다. 김 목사는 박정희 정권의 탄압을 피해 토론토의 따님 집에 와 머물고 있을 때였다.

그렇게 해서 나는 고마운 한 친구와 명암을 달리하는 운명을 안게 되었다.

김 형이 서울에 있었을 때 들려준 얘기가 오늘 되살아났던 것이다.

"김 형은 어떤지 모르겠는데, 나이 드니까 두 가지 변화가 생기는 것 같아. 지금까지 관심 밖에 있던 국악이 그렇게 그리워지더라고. 요사이는 서양음악이나 교회음악보다도 우리 음악을 라디오를 통해 즐기는 시간이 더 많아졌어. 그리고 자연에 대한 향수라고 할까. 여생을 자연 속에서 보냈으면 싶은 생각이 간절해. 시골에 내려가서 농사일도 하면서 가난한 환자들과 남은 세월을 보낼까 하는 생각도 해보고."

"김 형, 집을 옮겼다는데 한적한 곳이니까 정원이 있어? 정원이 있으면 잔디나 모란꽃 같은 것들보다도 잡초를 자연스럽게 자라도록 내버려둬. 나는 인조자연은 자연 같지 않아서…."

"병원에서 시간이 생기면 책을 들추는 것보다 뒤쪽 창문을 통해 노고산의 숲을 보는 것이 더 좋아. 제발 개발이라는 명목으로 자연을 훼손하는 일은 없었으면 좋겠어. 이러다가는 서울에서는 살 곳이 없어질 것 같아."

"며칠 전에 강원도 인적이 드문 산골에 다녀왔어. 친구의 아버지가 병중에 있는데, 여생이 길 것 같지가 않았어. 그날 밤, 친구와 같이 별이 많아 보이는 하늘을 쳐다보면서, 인간은 모두가 자연에서 왔다가 자연으로 돌아가는데 자연은 언제나 따뜻하고 아름다운 어머니의 품 같다는 생각을 했지."

"일본에 있을 때는 일부러 자연으로 둘러싸인 시골에서 자연을 즐길 수 있었지. 그런데 일본의 산과 들은 왜 그런지 우리 집 자연은 아니야. 머물 수는 있어도 잠들 곳은 못 되는 곳이야."

"한국으로 돌아가면 북녘으로는 못 가겠지만 서울서 가까운 산과 숲이 있는 곳으로 가야겠어."

이렇게 말하던 친구였기에 함께 이 산길이라도 거닐었으면 싶었던 마음이었다. 자연만이 남고 다 가는구나 하는 허전한 생각이 들었다.

황혼의 우정

1962년 초여름이었다.

나는 오랜 친구인 안병욱 선생, 서울대학교 사학과 한우근 교수와 더불어 뉴욕에서 런던으로 가는 비행기를 타게 되었다.

한 교수는 1년간 하버드 대학교 옌칭에서 연구 생활을 끝낸 뒤였고 나와 안 선생은 미국 국무성 초청으로 한 해 동안 교환 교수의 신분으로 미국에 체류하게 되었던 것이다.

한우근 교수와는 한 학기 동안 하버드 대학교에서 함께 시간을 보냈기 때문에 객지 생활의 외로운 정을 나눌 수 있어 흠 없는 친교를 가지게 되었다. 물론 안 교수와는 오래전부터 친분을 가졌을 뿐 아니라 한국을 떠날 때부터 동행했던 처지이기도 했다.

그 당시만 해도 유럽 여행이나 세계 일주 여행을 한다는 것은 쉬운 일이 아니었다. 다행히 미국에서 주는 여비와 체류비가 충분했기 때문에 경제적으로도 어려움 없이 긴 여행을 계획할 수 있었다.

우리 셋은 마치 학생 때 수학여행을 계획하듯이 긴 스케줄을 짜고 유럽 여러 나라의 대학, 문화적 유적과 예술품 들을 감상할 수 있었다. 저녁때 호텔에 돌아오게 되면 나름대로의 평가를 내리면서 역사·철학적인 견해를 전개해가곤 했다.

참으로 즐겁고 행복한 여행이었다. 영국, 독일, 프랑스, 스위스는 물론 이탈리아의 문화 유적은 우리를 황홀하게 만들었으며 아테네와 카이로의 역사적 유산들은 우리의 식견을 한 차원 높여주기에 충분했다.

긴 여행을 끝내고 서울로 돌아온 뒤에는 다시 자리를 함께하는 시간을 갖지 못했다. 서로가 바쁘기도 했고 한 선생은 연구 분야가 다르기 때문에 셋이 함께 만날 기회도 없이 세월이 흘렀다.

생각해보면 36년의 세월이 지난 셈이다. 사십 대 초반에 여행을 했는데 칠십 대 말이 되었고 선배인 한 교수는 여든이 넘어 명실공히 노년기를 넘긴 연륜이 되었다.

1997년 여름부터였다.

몇몇 친구를 통해 안 선생이 만성기관지염으로 고생한다는 소식을 전해 들었다. 생명과는 관계가 없으나 팔순이 가까운 나이에 긴 병과 싸워야 한다는 것은 쉬운 일이 아니다. 병 때문에 그동안 해온 강의와 강연을 뜻대로 하지 못하거나 중단하게 된다면 본인에게나 사회적으로도 안타까운 일이 아닐 수 없었다.

나는 누구에게 말은 못하면서도 '안 선생에게 어떤 도움과 위로를 줄 수 없을까?' 하고 생각하다가 셋이서 그렇게 즐겁게 돌아다녔던 옛일이 머리에 떠올랐다.

2, 3일 동안 서울대학교와 여러 경로를 밟아 한우근 교수의 주소와 전화번호를 알아낼 수 있었다.

옛날 이야기도 나누고 안 선생이 마음의 부담을 안고 있는 것도 풀어줄 겸 셋이서 만나는 기회를 만들었다.

안 선생이 워커힐 부근 아파트에 거주하고 있었기 때문에 장소를 워커힐 호텔 커피숍으로 정했다. 1997년 늦가을로 기억한다. 35년 만의 해후가 이루어진 셈이다.

우리는 사십 대의 옛날로 돌아간 것 같았다. 이야기는 꼬리를 물고 그칠 줄 몰랐다. 호텔 커피숍에서 바라다보이는 한강의 풍치는 대동강과 흡사한 데가 있다. 우리 셋 모두가 중고등학교를 평양에서 다녔기 때문에 약속했던 두 시간이 어떻게 지나갔는지 모른다.

그래서 1년에 네 차례, 계절이 바뀔 때마다 만나기로 약속을 했다. 세 사람 다 IMF 이후에는 시간의 여유도 생겼기 때문에 3개월이 길게 느껴질 정도였다.

옆에서 우리의 이야기를 듣는 이가 있었다면 놀랐을 정도로 이야기의 내용이 잘 흘러가곤 했다. 팔십 대 노인들이 아니라 사십 대의 여행객들이 나누는 얘기들이었으니까….

호텔의 한 직원이 "세 분 선생님이 마주 앉아 이야기를 하다가 웃

남아 있는 시간을 위하여

는 것을 보면 어른들이 아니라 중고등학교 학생들 같습니다. 무슨 재미있는 이야기가 그렇게 많으세요?"라면서 웃기도 했다.

안 선생은 앞뒤를 다 둘러본 뒤에, "누구 듣는 이 없지?"를 확인한 후에야 얘기를 꺼내곤 했다. 듣는 우리는 호기심으로 경청하고는 또 웃어대곤 했다.

그 뒤로는 호텔 직원들이 우리에게 자리를 마련해주고는 "○○ 선생님이 먼저 오셨다가 화장실에 가셨습니다"라고 알려주면서 '노인네들도 주책없이 저렇게 즐거울까…' 하고 신기해하는 표정을 지어 보이기도 했다.

즐거운 모임은 3년 가까이 계속되었다. 이제는 부인들도 후원을 해주며 좋아할 정도가 되었다.

우리는 그 모임이 오래오래 계속될 것으로 생각했다. 그러는 동안에 안 선생의 건강도 점점 좋아져가고 있었다.

마지막 모임은 1999년 9월 7일(언제나 그러했듯이 그날도 월요일)이었다. 우리는 헤어지면서 "다음번은 20세기 마지막 모임입니다. 그다음에는 새 천년이 시작되겠고요!"라면서 좋아했다.

한우근 교수는 돌아오는 차 안에서 한국역사학회의 초창기 상황을 후배들에게 보고하는 내용을 준비하고 있다는 얘기도 했다. 이렇게 만나곤 하니까 사십 대로 다시 돌아간 것 같아 살 재미와 용기가 생긴다면서 다음번 차편을 약속하고 헤어졌다.

그분 특유의 어색한 웃음을 지으면서 오른손을 약간 흔들어 보였고 나는 차 안에서 돌아서는 선생에게 "12월에 만납시다" 하고 가

녑게 인사를 했다. 항상 했던 그대로였다.

그러나 하늘은 우리 철없는 늙은이들의 뜻을 그대로 받아들이지 않았다. 그달(9월) 29일 아침 신문을 넘기다가 한 선생의 사진을 보았다. 원로 국사학자의 부고 기사였다. 나는 깜짝 놀랐다.

안 선생에게 전화를 걸었다. 아침 산책에서 돌아온 안 선생도 말을 잃고 있었다. 우리는 다 같이 속으로 '2000년이나 넘기고 가시지'라고 생각했다.

이렇게 해서 우리의 모임은 끝났다. 나와 안 선생은 더 모일 용기를 잃었다. 한 교수 생각을 잊을 수가 없었기 때문이다.

그러는 동안에 해가 바뀌고, 21세기와 새 천년을 맞는 행사가 우리의 정신적 환경을 정화시켜주었다. 모든 면에서 새로운 출발이 요청되는 것 같기도 했다.

나는 셋이서 만나던 일은 끝났으나 또 어떤 모임이 있었으면 좋겠다는 생각을 하게 되었다. 한 교수는 갔지만 남아 있는 이들에게는 새로운 생활의 자극이 필요할 것 같았다.

그렇게 생각하자 곧 떠오르는 친구가 있었다. 서울대학교 철학과의 김태길 교수이다. 주변에서는 우리를 철학계의 삼총사라고 부른다. 나이, 전공 분야, 활동 영역이 비슷했기 때문이다. 김태길 교수는 좀 더 학문적인 분야에 집념했고, 안병욱 교수는 폭넓은 사회 활동에서 두각을 나타내고 있었으나 다 같은 운동장에서 뛰는 선수들이었다.

셋이 다시 모이면 어떨까 싶은 생각을 갖고 있었는데, 다른 일로 전화를 나누던 안 선생이 먼저 말을 꺼냈다. 셋이라는 숫자가 그렇게 큰 의미를 갖는 줄은 몰랐다면서, 가신 분은 가셨지만 또 새로운 셋을 생각해보았는데 김태길 교수가 어떻겠느냐는 의견이었다.

나도 그런 생각을 하고 있던 참이라고 말했더니, 누가 보든지 이번 셋은 자연스럽고도 발전적인 의미를 가질 것 같다는 설명을 추가해왔다. 좀 더 사상적이고 학문적인 얘기를 나눌 수 있을 것 같은 기대감도 있었다. 얼굴을 맞대고 이야기를 나눈다는 것은 강연을 듣거나 책을 읽는 것과는 다른 의미가 있기 때문이다.

김태길 선생에게 전화를 거는 것은 내가 맡기로 했다. 새천년 구정 때쯤이었을 것 같다. 나는 그간의 얘기를 알려주고 안 선생의 뜻도 전달하면서, 자주 시간을 내기는 어렵겠지만 셋이 만나는 기회를 가지면 어떻겠냐고 물었다. 긍정적인 대답을 기다리면서….

내 얘기를 다 들은 김 교수는 한참 생각에 잠기는 듯싶더니 "다 좋은데… 이런 생각도 해보셨어요? 우리 셋이 이미 팔순을 넘겼는데 언제 어떻게 자연의 순리에 따라 누가 먼저 가게 될지 모르잖아요. 욕심을 낸다고 뜻대로 되는 것도 아니고. 만일 누가 먼저 갔다고 생각해보세요. 그때의 허전함과 외로움을 어떻게 이겨낼 수 있겠어요? 차라리 지금과 같이 떨어져 지내다가 누가 갔다는 소식을 들으면 그래도 크게 흔들리거나 허무하게 허덕이는 일은 적을 것 같은데…. 이제 다시 깊은 정을 쌓았다가 다가오는 사태를 어떻게 견디려고 그러세요…"라는 이야기였다.

전화기로 들려오는 김 교수의 목소리는 잔잔히 가라앉아 있었다.

나도 "그건 그렇겠네요"라고 대답했다. 그리고 생각이 바뀌면 전화를 걸어달라고 말하면서 통화를 끝냈다. 생각해보면 한우근 교수를 보낸 뒤의 허전함과 적막감을 견디기 어려웠던 마음의 짐을 또 자청할 필요가 없을 것 같기도 했다.

며칠 후에 안 선생에게 그 뜻을 전달했더니 안 선생도 "정말 그렇구나. 그 생각까지는 못 해봤는데…"라면서 말끝을 흐렸다. 늙으면 너무 깊은 정에 빠질 필요가 없다던 자신의 생각도 음미해보았을 것 같았다. 그 목소리와 표정이 너무 잔잔했다. 사람은 곱게 조용히 가는 것이 지혜로움이라는 생각을 우리 모두가 공감했던 것이다.

이런 대화를 한 지도 벌써 반년이 지났다. 김태길 교수로부터는 아직 전화가 없었다. 안 교수도 두세 번 만났으나 그 얘기는 꺼내지 않았다. 늙으면 '인생은 허무한 것, 정이란 두지 말자'는 가사가 사무쳐온 것인지도 모르겠다.

바로 얼마 전이다.

내 큰딸애가 왔을 때, 그런 지난 얘기를 하다가 이러지도 저러지도 못하고 있다고 말했더니 딸애도 "아버지, 앞장서지는 마세요. 먼저 가는 사람은 다른 분들에게 죄송할 것 아니겠어요? 그리고 누가 남든지 혼자 남는 분은 그 무거운 짐을 어떻게 감당하겠어요?"라고 말했다.

남아 있는 시간을 위하여

그럴 것 같다고 생각하면서 딸의 얼굴을 보았더니 웃고는 있으면서도 눈물이 흐르고 있었다. 다른 사람이 아닌 아버지의 처지를 생각하고 있었던 것 같다.

나는 공연한 이야기를 했다고 생각하면서 2층 내 방으로 올라왔다. 켜놓고 내려갔던 라디오에서 멘델스존의 바이올린 연주가 흘러나오고 있었다. 학생 때 즐겨 들었던 곡이다. 그때도 나는 혼자 중얼거렸다.

모든 아름다운 것은 고독과 허무를 연상케 한다고.

사랑이 있는 산문

지금까지 육십 평생을 살아오는 동안 '외롭다'는 고백을 해본 일이 별로 없었다. 집에만 가면 언제나 어머니가 있었고 결혼을 한 후에는 아내가 외로움을 씻어주곤 했다.

대학에 다니는 몇 해 동안 집을 떠나 있었다. 그러나 방학만 되면 집을 찾을 수 있었고 집에는 언제나 어머니가 보금자리처럼 안식처를 마련해주고 있었다. 갈 곳이 있고 쉴 고장이 있는 마음과 영혼은 외로움을 모르는 법이다.

결혼 후에는 아내와 떨어져 산 일이 별로 없었다. 미국에 가 있는 1년간은 헤어져 있었으나 마음은 항상 아내의 곁에 머물렀다. 계속 편지를 나누었고 약속한 1년은 하루하루 단축되어가고 있었다. 외로움은 일시적이었고 더 큰 즐거움을 위한 기다림으로 바꿀 수 있었다.

그러는 동안에 어머니는 늙어가기 시작했다. 칠십이 넘고 칠십오 세가 지나면서부터는 내가 어머니를 도와줄 수는 있어도 어머니가 나를 돕는 일은 불가능해지기 시작했다. 정신적으로는 물론 육체적으로도 나를 돕는 일은 그치고 만 셈이다.

남은 것은 나를 위한 걱정으로 그칠 뿐이다. 그 근심과 걱정이 나를 더 부담스럽게 만드는 것이었다. 그러니까 나는 어머니를 위하고 사랑할 수 있어도 어머니는 실질적으로 나를 위해줄 수는 없는 위치로 바뀌고 말았다. 나에게 위로와 즐거움이 되는 것은 어머니의 건강과 작은 일에도 만족해하시는 즐거움뿐이었다.

그러는 동안에 어머니는 팔십을 넘기게 되었다. 건강한 편이지만 이제는 모든 기력이 쇠잔해지고 당신의 몸을 가누는 일까지 어려워지고 있다. 자녀들에게 누를 끼치는 일이 없었으면 하는 마음이 모든 일에 역력히 나타난다. 어떤 때는 당신이 세상을 떠나면 어떻게 하라는 말씀도 하신다. 자녀들의 짐을 덜어주고 싶은 심정에서이다.

세월이 흐를수록 약화되는 건강을 볼 때마다 어머니는 옛날의 어머니가 아니라는 생각을 굳히곤 한다. 내가 어머니를 도울 수 있고 어머니가 나를 도울 수 있을 때 어머니와 아들의 관계는 완전해진다. 그러나 한쪽이 한쪽을 위하기만 할 때는 모자간의 관계는 자연히 일방적이 된다. "내가 고생 없이 빨리 죽어야 너희 아버지가 편할 텐데…" 하는 말을 손자들에게 하는 때가 자주 있다.

이렇게 되면 나의 생활은 자연히 어머니보다도 아내와의 관계에서 이루어지기 마련이다. 모든 살림은 아내가 맡아야 하고 어머니를 돕는 일까지도 아내의 의무로 넘어가게 된다. 내가 아내를 돕는 일보다는 아내가 나를 돕는 일이 더 많아진다.

자녀들에 대한 사랑과 교육도 대부분 아내의 책임으로 돌아간다. 나의 개인적인 생활의 많은 부분도 아내가 돌보아준다. 나는 대외적인 활동과 사회적 책임에 전념하게 되었고 나를 위한 생활은 아내의 도움으로 이루어지곤 했다.

확실히 내가 아내를 위하고 사랑하기보다는 아내가 나를 위하고 사랑하는 비중이 더 컸던 것이 사실이다. 따라서 나는 어머니를 향한 관심과 사랑은 있어도, 도움을 받고 사는 것은 아내의 정성에 달려 있었다.

그래서 어려서 성장할 때까지는 어머니의 사랑이 절대적이었으나 결혼 후에는 아내의 사랑으로 사는 것이 모든 남성의 운명이 되는 것이다. 그렇게 살기를 40년 가까이 지났다.

따라서 나는 외로움을 모르는 장년기를 지금까지 보내온 것이다. 그 점에서는 행복한 삶을 누려온 셈이다. 어머니가 늙어가더라도 아내의 건강과 보살핌이 나를 뒷받침해주었기 때문이다. 인간은 언제나 두 여인, 즉 어머니와 아내의 사랑으로 자라며 살아가는 것이라고 생각해왔다.

그러나 뜻대로 되지 않는 것이 인생이다.

작년 3월 하순 어떤 추운 날 밤 갑자기 아내가 뇌졸중으로 쓰러졌다. 세브란스 병원에 입원을 했고 머리 수술까지 받아야 했다. 1개월 동안은 중환자실에서 사경을 헤매기에 이르렀다.

겨우 생명은 건졌다. 그러나 그 후유증은 대단한 것이었다. 의사들은 식물인간의 상태를 벗어나기 어려울 것으로 생각했을 정도였다. 그러나 온갖 정성과 의약의 도움을 얻어 식물인간의 한계는 넘어설 수 있었다. 가족들은 그것을 기적적인 사실로 감사해야 했다. 90퍼센트 이상의 불가능했던 상황에서 생명을 되찾았기 때문이다.

나는 그 아내를 이끌고 미국으로 갔다. 재활 의학은 미국이 아무래도 앞서 있었고 사위 중의 하나가 재활과를 전공했기 때문이었다. 세브란스에서 퇴원하는 길이 그대로 김포공항으로 연결되었던 것이다.

두 달 동안 나는 작은아들과 셋째 딸 그리고 사위의 도움을 얻어 모든 정성을 아내에게 쏟았다. 아내로 하여금 남은 생애를 침상에 누워 보내는 고통에 빠지게 할 수는 없었기 때문이다.

많은 눈물과 한숨을 겪어야 했고 가족들의 정성 어린 기도의 보람이 있어 아내는 휠체어를 타고 실내를 다닐 수 있게 되었다. 중환자들이 짚는 지팡이를 의지하고 겨우 걷는 데까지 이르게 되었다. 나와 가족들은 그 결과를 눈물로 감사했다. 제1의 단계는 넘어선 것 같았다.

그러나 나는 병중에 있는 아내를 남기고 귀국해야 했다. 학교 일이 시작되었고 가정의 어려운 짐 때문에 사회적 책임까지 저버릴 수는 없었기 때문이다. 그리고 아내의 건강을 위해서는 여러 가족이 머물고 있으며 재활 의학이 발달한 미국이 좋을 것으로 판단했기 때문이다. 기관지가 좋지 못한 아내를 위해서는 습기가 많고 따뜻한 미국 남쪽이 겨울을 나기에 좋을 것으로 모두 생각한 결과였다.

나는 비행장에서 작별을 서러워하는 아내를 남겨둔 채 먼 길을 떠났다. 마음과 몸이 그렇게 무거울 수가 없었다. 비행기가 하늘에 올랐을 때 나는 혼자 중얼거렸다. "나는 외로운 신세가 되었구나"라고.

그렇다. 나는 외로운 일생을 이제부터 살아야 한다. 앞으로는 어머니가 나를 도울 수 없듯이 아내도 나를 도울 힘을 잃은 것이다.

아내는 기억력 대부분을 상실했다. 어린애들의 수가 몇인지를 생각해낼 수가 없을 정도였고, 나와의 과거를 깡그리 잊은 것이다. 모든 글과 언어를 잊은 것이다.

세브란스에 있을 때 언어 교정을 맡은 의사가 내 이름을 큰 종이에 적었다. 무엇이냐고 물었을 때 아내는 그것을 알지 못했다. 남편의 이름을 기억해내지 못하는 모습을 본 나는 가슴이 미어질 정도로 아팠다. 아내는 나에게 하고 싶은 말이 수없이 많다. 그러나 말을 하지 못한다. 글을 쓸 수도 없다. 그것을 보면서 간호를 하는 내 마음은 너무나 무거웠다.

그렇다. 팔십오 세가 된 어머니가 나를 도울 수 있을 만큼도 아내는 나를 도울 수가 없다. 그 대신 나는 어머니를 돕는 것보다도 더 많은 도움을 아내에게 오래오래 베풀어야 한다. 사랑을 베풀 수 있다는 것은 행복이 남아 있다는 증거다. 그러나 그렇게 사랑하던 나를 도울 수 없는 아내의 마음은 얼마나 괴롭겠는가.

나는 더 오래 머물지 못할 어머니를 사랑하고 있다. 모든 인간적 능력을 상실한 가엾은 아내를 사랑한다. 그래도 나는 자신을 불행하다고는 생각지 않는다. 사랑의 여백이 아직 남아 있기 때문이다.

그러나 나는 외롭다. 이 세상에 혼자 있는 것같이 외롭다. 다른 가족들이 나의 외로움을 달래주려고 노력한다. 그럴수록 나는 더욱 외로워진다. 동정을 받는 사람은 더 외로워지는 법이다. 나는 누구에게도 나의 외로움을 보이지 않으려고 애쓴다. 때로는 몸부림을 치고 싶을 정도이다.

그래도 남들에겐 전 같은 미소도 지어 보인다. 대단치 않은 일에서도 웃음을 꾸며내본다. 실제로 웃기도 한다. 그러나 그 순간들이 지나면 외로움은 물밀 듯이 찾아든다.

외로움을 잊는 길은 자신을 망각하는 일이다. 그래서 잠자는 시간을 제외하고는 무슨 일에든지 몰두한다. 일에 빠져 있는 시간은 외로움을 잊을 수가 있다. 과거와 달리 누군가를 찾아가기도 하고 계속 말을 해본다. 외로움의 안개를 쫓아버리고 싶어서다.

그러나 물속에서 두 손으로 물을 밀어내면 밀려 나가는 물보다는 밀려들어오는 물이 더 많은 법이다. 외로움을 잊으려고 애쓰면 더 큰 외로움이 찾아들곤 한다.

사람은 누군가를 사랑할 수도 있어야 하나 또 누군가의 사랑을 받아야 하는 것이다. 그런데 지금의 나는 어머니가 있어도 어머니의 사랑을 받지 못하고 있으며, 아내가 있어도 아내의 사랑을 받을 가능성은 사라지고 말았다. 그런 상황과 생각이 나를 더 외롭게 만든다.

지금 나는 이 글을 쓰면서 짙은 구름이 가득 낀 하늘을 바라다보고 있다. 버스나 택시를 타고 한강 너머 어디론가 달려보고 싶은 심정이기도 하다.

내일은 기차를 타고 우리나라 남쪽 끝까지 다녀올 것이다. 지난달에 약속했던 강연회 때문이다. 일하는 것은 즐겁다. 많은 사람과 기쁨을 나눌 수도 있다. 그러나 강연회를 끝낸 뒤 혼자서 다섯 시간이나 걸리는 긴 여행을 어떻게 이겨낼 수 있을지 걱정스럽다. 그렇다고 누군가에게 동행을 요청할 수도 없다. 외로움은 밖에서 찾아드는 것이 아니고 마음속에서부터 차오르는 것이기 때문이다.

물론 나는 이 외로움에게 패배당하지는 않는다. 나보다 더 큰 외로움과 절망을 겪은 사람들은 수없이 많았다. 나에게는 어머니와 아내를 사랑하고 도울 수 있는 가능성이 있으며, 계속 밀려오는 일들이 있다.

나는 외롭더라도 기쁨과 즐거움을 나누어줄 수많은 사람이 나를 기다리고 있다. 또 언젠가는 지금의 외로움을 극복하고 새로운 삶의 밝은 빛을 찾을 때도 있을 것이다.

그러나 지금은 나와 같은 환경에 처해 있는 많은 사람이 겪고 있는 외로움을 나도 겪어야 한다. 문제는 어떻게 그 외로움을 극복하고 감사와 사랑이 넘치는 삶을 되찾느냐에 있다.

사람은 누구나 자기 앞에 다가온 운명의 절벽을 피할 수 없다. 어

남아 있는 시간을 위하여

떻게 그것을 넘어 새로운 삶의 의미와 보람을 창조해가는가에 성패
가 있다. 만일 그것이 하나의 운명이라면 그 운명은 조물주께서 내
게 준 값진 시련일 것이다. 조물주는 사랑하는 사람들에게 시련을
주시기 때문이다.

고독에 관하여

1

인간은 정신적 존재이다. 정신적 존재의 특징은 사귐이 있다는
데 있다. 가족, 이웃, 친구 들이 사귐의 대상이 된다. 그러나 주변에
아무도 없을 때 나는 나와 더불어 대화를 나누기도 한다. 내가 나에
게 묻고 내가 나에게 대답하는 것이다. 그것은 마치 어린애들이 소
꿉장난하는 것 같은 일이지만, 위대한 철학자들도 그와 같은 자신
과의 대화를 해왔다. 플라톤의 대화편들이 그렇게 생긴 것이며, 지
금도 많은 사상가는 자신과 대화를 거듭하는 동안에 정신적 발전과
향상을 만들어가고 있다.

이러한 사귐, 사귐의 한 방도인 대화, 이것이 정신적 존재의 특징

인 동시에 인격의 본바탕을 만드는 조건이다.

이러한 사귐과 대화가 끊어졌을 때 느끼는 마음 상태를 우리는 고독이라 부른다. 쉽게 말해 고독은 홀로 있는 마음 상태이다. 이때 강조되어야 하는 것은 우리의 마음 또는 정신이 홀로 있는 상태가 고독이라는 것이다. 육체가 혼자 앉아 있다고 해서 그대로 고독인 것은 아니다. 자신과 대화가 가능한 때는 고독을 느끼지 않는 법이다. 사색을 하든가 음악을 듣든가 그림을 보는 때, 이런 때는 내가 혼자 있는 것 같아도 어떤 사상, 예술과 더불어 대화를 나누는 때이므로 고독을 느끼지 않는다. 물론 그 대화가 끊어지면 고독을 느끼게 되지만….

정신생활이 빈약한 사람들은 혼자만 있게 되면 곧 고독을 느낀다. 자기 자신과의 대화가 없기 때문이다. 그러나 정신생활이 풍부한 사람은 언제든지 고독을 느끼지 않는다. 항상 자신과 대화의 시간을 가지고 있기 때문이다.

그러므로 자신과 대화의 시간을 가지지 못하는 사람은 정신력이 빈약한 반면 생리적인 자아가 강하기 때문에 또 하나의 육체를 가진 타자를 찾아 스스로의 고독을 메우지 않을 수 없다. 사람이 많은 거리로 나가보든가 친지들과 모여 앉아 공연히 떠들어대기도 한다. 그러는 동안에 자기의 고독을 해소시키는 것이다. 철드는 소녀들이 자주 고독을 호소한다. 생리적인 고립감을 가장 많이 느끼기 때문이다. 아직 정신적 대화를 하기에는 모자라며 육체적인 고립감은 누구보다도 강하게 느끼기 때문이다.

그러나 강한 정신력을 가진 사람은 많은 사람이 있는 곳을 피한다. 또 결코 오랜 시간을 군중 속에서 보내지 못한다. 대중 속에서는 정신적으로 깊이 있는 대화가 불가능하기 때문이다. 정치가나 실업가는 대중 속으로 들어가지만 학자나 사상가가 그렇지 못하고 자신만의 시간을 요구하는 이유도 마찬가지다. 깊은 사상은 정신적 대화를 통해서만 이루어지기 때문이다.

그렇다고 인간이 정신적 대화만으로 살아가는 것은 아니다. 육체가 없는 곳에 인간이 없으며, 생리적인 고독 역시 대인 관계에서 풀릴 수밖에 없다. 위대한 천재도 소녀와 담화를 즐기며 훌륭한 철학자도 어린애들과 사귀게 된다.

고독이 마음의 상태라는 말 속에서 '마음'은 인간적인 내용의 표현이며, 따라서 모든 고독은 인간적인 것이다.

2

고독은 홀로 있는 마음의 상태다. 그러나 내용과 질에서는 너무나 먼 거리의 고독들이 있다.

여기에 한 소녀가 있다. 모든 아름다운 꿈이 그녀의 것이며 온갖 장밋빛 장래와 기대가 자기 앞에 놓여 있다. 사랑을 할 수도 있으며 곧 꿈에만 그리던 남성이 눈앞에 나타나게도 될 것이다. 모든 것은 아름답기만 하며, 하늘의 별들, 땅 위의 꽃들이 다 자기를 위해 있는 듯이 느껴진다.

그러나 이 소녀는 때때로 나는 고독하다고 말한다. 아직도 그것이 채워지지 못했기 때문이다. 때로는 그 고독 때문에 감상적인 눈물을 떨굴지도 모른다. 그러나 그것은 아직도 슬픔이 무엇인지 모르는 눈물이다. 그러므로 이러한 소녀들은 나는 고독을 사랑한다고도 하며 고독은 나의 취미라고도 고백해본다. 고독은 무서운 것이 아니며 끝없는 고독은 있을 리 없다고 마음속으로 믿는다.

고독은 홀로 있는 마음의 상태다. 그러나 이러한 소녀의 고독은 무엇인가를 기대하는 상태이기 때문에 마음의 여유가 있다. 고독을 맛볼 수도 있으며 고독 속에서 눈을 감고 고독과 대화를 나누어볼 수도 있다. 따라서 이러한 고독은 장차 찾아올 내용의 예고와도 같으며 실체를 붙들기 전의 그림자와도 비슷하다. 기대와 약속과 희망이 남아 있는 마음의 상태다. '언제 나타날 것인가' 하는 불안이 남아 있으며 '어떤 것이 주어질 것인가' 하는 호기심이 깃든 마음 상태다.

그러나 여기에 한 미망인이 있다. 모든 정열, 신념, 인격을 바쳐 사랑하던 남편이 죽었다. 자기 생명을 백이나 합친대도 바꿀 수 없었던 남편이 죽었다. 그러나 죽은 것은 남편만이 아니다. 남편과 더불어 모든 것이 다 가버렸다. 머물고 있는 집은 무덤 속같이 공허해졌으며 산과 들은 낡은 잿더미같이 흩어지고 말았다. 남편이 없는 세계는 정적과 무한의 공허만이 압력을 가해올 뿐이다.

사랑도 온갖 대화도 남편과 더불어 있을 때 가능했는데 이제는 대화를 나눌 사람도 없으며 마음이 머물 곳조차 없다. 천과 만의 이야기가 가슴속에 서리어 있으나 누구에게 그 이야기를 한단 말인가? 사랑으로 가득 찬 심장이 터질 듯이 뛰고 있지만 누구의 품에서 안식을 얻는단 것인가!

남편과 더불어 모든 것은 가버렸다. 그는 나의 전부를 가지고 갔다. 이 큰 우주 속에 나만을 남겨두고 가버렸다. 남편이 진정으로 나를 사랑했다면 이 모든 것을 남겨두더라도 나를 이끌고 갔어야 할 것이 아닌가!

이 미망인은 남편이 묻힌 무덤 위에 고독을 한 아름 안고 쓰러진다. 그러고는 그림자도 없는 허공을 향하여 호소해본다.

"여보세요. 당신은 나를 그렇게 사랑해주시지 않았습니까? 왜 나 홀로만 여기에 머물게 하십니까? 나를 없애주세요. 이 무서운 고독 속에서 나를 구해주실 수 없으시다면 차라리 나를 없애주시는 자비라도 베풀어주세요!"라고.

그러나 남은 것은 더 무서운 고독뿐이다. 주위는 무한의 공허, 음산한 정적일 뿐이다. 그녀는 할 수 없이 고독에게 호소한다.

"아아, 이 뼈저린 고독이여! 내 심장을 씹어 잔인한 고통만을 주지 말고, 우주의 온갖 힘을 합하여 나를 괴롭히지만 말고 차라리 나를 죽여주세요! 죽음이라는 자비를 베풀어 나를 고독에서 벗어나게 해주세요. 당신이 없는 고독은 나를 죽이기만 하지, 왜 아주 죽여버리지는 않습니까?"라고.

그러나 고독은 미망인에게 대답할 뿐이다. "고독이라는 악마는 죽을 때까지 고통은 주지만 죽이지는 않는다. 죽음은 자비이기 때문에 악마에게는 자비가 있을 수 없다"라고….

그렇다. 이 미망인은 죽음보다 무서운 고독에 떨고는 있지만 그 고독에서 풀려나지는 못한다.

소녀의 고독과 미망인의 고독은 얼마나 먼 거리에 놓여 있는가? 기대의 고독과 절망의 고독은 이렇게 이질적인 것이 아닐까.

3

그러나 고독은 마음과 더불어 자란다. 마음과 한가지로 깊어지기도 하며 넓어지기도 한다.

내 어머니는 나를 누구보다도 사랑해주셨다. 칠십 평생 하루도 나를 잊으신 날이 없었다. 기쁜 때는 그 기쁨을 나누기 위해서, 슬픈 때는 그 슬픔을 나누기 위해서 나를 생각해오셨다. 아마 이 세상에서 누구보다도 나를 잘 알고, 나 역시 누구보다도 사랑하는 분의 한 사람이 내 어머니다.

며칠 전의 일이다. 내 방에서 원고를 정리하느라 늦도록 앉아 있었다.

"얘, 이젠 자려무나. 12시가 지났겠는데⋯."

아직 안 주무시고 계시던 어머니의 말씀이었다.

"예, 이제 곧 건너가겠습니다. 거의 끝나갑니다. 내일로 미루고 싶지 않아서 그럽니다"라고 대답했다.

큰방으로 돌아갔을 때 어머니는, "공부란 애들이나 밤새워 할 것이지 이제는 어른이 되었는데 그만해라. 그렇게 고생 안 하면 안 되길 하나⋯? 몸도 약한 편인데⋯"라고 말씀하신다. 속으로는 적잖이 불만이신 모양이다. 아들의 불필요한 수고는 언제나 어머니에게 원망의 대상이 된다.

그렇다고 나는 어머니에게 무엇이라고 말할 수가 있는가? 학교라고는 가보신 일도 없는 어머니에게 철학을 논할 수도 없고, 헤겔이나 하이데거를 얘기할 수도 없다. 나는 나대로 무거운 정신적 짐을 지고 있지만 어머니와 통하는 점은 거의 없는 셈이다.

"오늘 밤은 날씨가 좀 추울 것 같지요, 어머니?"라고 말하면서 자리에 눕는다. 아무 얘기도 하지 않을 수 없고, 하자니 마음의 공통점은 나타나지를 않는다.

지난 늦가을의 일이다.

1년이나 해외에 나갔다가 돌아왔다. 그동안 어머니께서 건강히 계셨으니 그렇게 나행한 일이 또 있겠는가? 매일같이 바쁘게 지내던 어느 날 오후, 가족은 다 밖으로 나가고 큰방에는 어머님이 혼자 계셨다. 돋보기를 끼고 바느질을 하시는 모양이었다.

나는 어머니 옆으로 다가앉았다. 대학에 다닐 때는 방학에 돌아오기만 하면 같이 밭으로 일도 나가고 밭두렁에서 점심도 먹었다. 손톱도 깎아달라고 하고 터진 옷도 기워달라 하는 것이 어리광 부리는 즐거움이었다. 그런데 지금은 너무 늙으셨다. 한참을 앉아 있었지만 별로 할 말조차 찾지 못했다.

"금년에는 김장값이 비쌀 거라고 그럽디다. 신문을 보니까…"라고 말을 꺼내보았다. 그러나 나는 집에서 김장을 얼마나 하는지 비용이 얼마나 드는지 전연 알지 못한다. 그저 이런 얘기라도 해서 어머니의 마음을 위로해드리고 대화를 나눠보자는 심정일 뿐이다.

"무, 배추 값이야 비싼들 얼마나 하겠니, 들어가는 양념이 비싸서 그렇지…"라고 말씀하시는 어머니는 생강, 고춧가루 등등의 양념을 설명해주신다. 나는 양념에 무엇이 드는지도 모르지만 그 값이 얼만지 전연 짐작도 안 간다. 1분 뒤면 곧 잊어버리게 되겠지만 그래도 열심히 듣고 알아듣는 척이라도 해야 한다. 그것이 어머니의 정성이며 나의 사랑의 의무이다.

요사이 나는 어머니와 이렇게 살아가고 있다. 그러나 대화다운 대화가 없으며 마음이 통하지는 않는다. 어렸을 때는 어머니만 있으면 모든 것이 만족스러웠다. 젊었을 때도 어머니만 있으면 별로 부족한 게 없었다. 그런데 요사이는 모든 실정이 변했다. 나의 가장 진실하고도 깊은 정신적 문제는 대개가 어머니와 무관한 것이 되어버렸다. 그만큼 어머니는 어머니대로의 생활을 나는 나대로의 생활을 하고 있다.

어머니는 벌써 나의 고독의 벗이 아니다. 장사를 하고 있는 동생과는 많은 대화를 나누고 계셔도 철학 교수인 나와는 마음의 대화가 점점 더 없어져가고 있다. 나를 대하는 어머니에게도 고독은 자라고 있으며 어머니를 대하는 나에게도 고독은 자라고 있다. 정신이 자란다는 것은 이렇게 고독이 자란다는 뜻이다. 키르케고르의 '그가 지니고 있는 고독의 척도가 곧 그의 인간의 척도'라는 뜻은 바로 이것을 말한다.

이런 점에서 나는 괴테도 베토벤도 톨스토이도 니체도 키르케고르도 모두가 고독했다고 믿고 있다. 보다 깊은 문제 속에도 보다 높은 이상 속에도 언제나 그와 비례되는 고독이 머무는 것이라고 믿고 있다. 이러한 고독의 끝까지 가게 되면 어떻게 되는가? 그러나 그 이야기는 뒤로 미루기로 하자.

4

나는 멘델스존의 바이올린 콘체르토를 들으면 고독을 느낀다. 그 아름다운 멜로디 속에는 고독이 담뿍 실려 있는 것 같은 느낌이다. 마음으로 눈물을 흘리는 때가 있다. 그러나 슬프다기보다는 아름다운 고독감이다.

그러나 반드시 멘델스존만 그런 건 아니다. 쇼팽의 곡도 마찬가지며 몇 사람의 화가에서도 같은 심정을 느낀다.

아름다운 예술은 왜 고독감을 자아내는가? 그들의 고독한 영혼이 예술의 원천이 되었기 때문에 예술가의 고독에 공감하게 되는 것일까? 감정이입感情移入이란 말이 있듯이 예술가의 고독한 감정이 그것을 감상하는 나에게 전해졌기 때문일까?

예술가에게는 고독이 창작의 힘이 되는 때가 있다. 멘델스존은 애인이 죽은 뒤 그 곡을 남겼다지 않는가? 내가 좋아하는 북유럽의 한 화가는 한평생 이상적인 여인을 그릴 때마다 죽은 애인을 그렸다. 목을 약간 돌리고 정면을 응시하는 여인의 그림이다. 괴테의 〈파우스트〉도 파우스트적인 고독의 산물이 아닐까.

이렇게 본다면 예술의 아름다운 고독은 감상하는 우리의 속 깊이 숨겨져 있던 고독에의 그리움과 마음의 공허감을 채워주기 때문에 받아들이게 되는 고독감일지도 모른다. 내 마음속에는 나도 모르는 높은 미美에의 고독감이 가리어져 있었다. 그것을 예술가들이 밝혀주며 전해주었기 때문에 고독에 공감하게 되었는지도 모른다. 좀 더 젊었을 때 나는 아름다운 여자를 보고 헤어질 때는 어딘가 고독에 가까운 기분을 느끼곤 했다. 나의 벗들 또한 자기들도 마찬가지라고 얘기해주었다.

작년 일이다. 나는 나보다 5년이나 연장인 H 교수와 같이 셰익스피어의 〈로미오와 줄리엣〉을 보았다. 그날 밤 줄리엣의 연기는 말할 수 없이 좋았다. H 교수도 대단히 감명을 받았던 모양이다. 그 뒤 여러 번 H 교수는 줄리엣의 얘기를 꺼냈다. 지금도 그 교수는 그 여자가 출연한다면 한 번 더 뉴욕으로 가서 보고 싶다는 얘기를 하면서 웃는다.

그러나 반드시 아름다운 여자만은 아니다. 누가 나에게 베풀어주었던 아름다운 마음을 회상할 때도 어쩐지 마음 한구석에 가벼운 외로움이 스며든다. 나에게 지극히 아름다운 마음을 베풀어준 벗이 죽었다거나 애인이 다른 남성과 결혼을 했다고 상상해보라. 그 아름다운 마음을 회상해볼 때마다 어딘지 야릇한 고독감이 찾아든다.

무엇 때문일까? 역시 아름다움은 사랑하게 마련이며, 사랑의 대상을 잃었다고 생각할 때는 마음의 공허가 곧 고독감으로 변하는 것이 아닐까. 다시 그 마음을 소유하게 된다면 그리움이 고독보다 강해지거나 즐거움이 고독을 대신할지도 모른다. 그러나 다시는 그 아름다움에 접할 수 없다고 생각했을 때 우리의 심정은 고독에 붙잡히는 것이 아닐까.

이렇게 본다면 아름다움을 찾는 심정에도 고독은 머물지만, 아름다움을 상실하는 마음에는 더 깊은 고독이 깃들이는 것이다. 괴테의《젊은 베르테르의 슬픔》은 이러한 심정을 극한까지 이끌어간 것이 아닐까. 고요한 전원, 아늑한 우물가에 나타나던 여인, 베르테르는 그 여인을 떠날 수 있을 줄 알았다. 그러나 모든 준비를 갖추고 떠나려 결심했을 때 그는 여인이 없는 세계를 상상하자 무서운 공허와 고독을 발견했다. 세계는 공허로 차 있으며, 자기 심중은 무거운 고독으로 가득함을 깨달았다. 이 무한의 공허를 고독으로 메우기보다는 죽음을 택했던 것이다.

아름다움이 없는 곳에 예술이 없고, 사랑이 없는 곳에 아름다움이 없다. 미, 예술, 사랑은 언제나 삼각형의 세 정점같이 따라다닌다. 그러므로 아름다움을 잃은 사랑은 고독하기 마련이며, 사랑을 누리지 못하는 아름다움도 고독해진다. 어떤 때 예술은 아름다움은 주지만 사랑은 못 주기 때문에 고독만 남겨준다. 아름다운 여인을 보고 돌아서는 심정도 마찬가지가 아닐까.

예술적인 고독은 미에 대한 그리움이며, 가능성을 동반하지 못하는 그리움은 언제나 고독을 남겨준다. 사랑하며 누릴 수 없는 아름다움은 고독만을 안겨주기 때문이다. 예술가들은 이 아름다운 고독의 힘을 빌려 예술품을 창조하는 것이다.

멘델스존의 바이올린 콘체르토가 고독을 자아내는 이유도 여기에 있는지 모른다.

5

그러나 우리의 고독감은 이러한 대내적인 성질의 것만이 아니다. 인간은 자신과의 대화를 가져야 하며 이웃과의 사귐도 불가피하다. 자기의 인격과 영혼이 '너'라고 부를 수 있는 무엇이 있어야 한다. 우리가 대화를 가질 수 있는 상대는 언제나 '너', '당신'이다. 그러나 이때의 '너'는 나의 마음의 위치에 따라 달라진다. 배고픈 어린애는 어머니로 족하며, 사랑을 원하는 젊은이는 애인이 '너'가 된다. 철학자는 진리를 '너'의 위치에 놓기도 하며 예술가는 미를 그 자리에 두기도 한다. '나'만 있고 '너'가 없다면 거기에는 대화도 사귐도 불가능해진다. 거기에 나타나는 심정이 고독이다.

그런데 여기 한 인간으로서 내가 있다. 어려서는 어머니와의 대화로 자라왔고 젊어서는 애인과의 사랑을 겪어왔다. 장년기에는 학문이나 예술을 벗 삼아 스스로의 정신적 고독을 채워왔다. 그럼에도 불구하고 나는 나대로의 문제, 정신적인 고독과 불안을 가슴 깊이 간직하고 있다. 그것은 요사이 발견된 것이 아니다. 지금까지는 모르고 있었던 것도 아니다. 어머니, 애인, 친구들과의 대화, 사귐으로 잊을 수 있으리라고 믿었던 '나', 그것이 나타나게 되면 과거의 것들과는 비교가 안 될 정도로 깊은 고독과 불안을 가져오게 되리라고 예측했던 또 하나의 모습을 가진 '내'가 요사이 내 앞에 뚜렷이 부각되어 나타나고 있지 않은가?

인간은 가장 중대한 문제나 사건에 부딪칠 때는 홀로 그 문제와 사건에 대결하게 마련이다. 세상에 태어날 때도 나 홀로 왔고 세상에서 죽어갈 때도 나 혼자 가게 마련이다. 동행이 없었고 같은 운명의 사람은 하나도 없다.

또 인간은 가장 높은 정신적 문제를 지녔을 때는 언제나 고독해지는 법이다. 그 문제의 해결은 자기만의 과제인 동시에 자신의 전부를 기울여 결단해야 하는 모험이기 때문이다.

이제 지금까지는 모든 대화나 사귐의 뒷자리에 서서 나와는 상관이 없는 듯이 서성대고 있던 또 하나의 '내'가 내 앞에 나타났다. 그는 어머니와 웃고 있을 때도 모르는 체하더니, 애인과 즐기고 있을 때도 얼굴을 돌리고 상관이 없는 듯싶더니, 학문이나 예술을 떠들고 있을 때도 머리를 숙이고 듣고만 있었는데, 어느 사이엔가 내 앞에 나타난 것이 아닌가? 친구가 죽었을 때 한번 쳐다보던 그 얼굴, 전쟁이 일어났을 때 물끄러미 내 행동을 살피던 모습, 사랑하던 사람이 운명할 때 나에게 무엇인가를 묻고 싶어 하던 표정을 그대로 가지고 나타났다.

나는 또 하나의 '나'인 그와 대화를 해야 한다. 사귀어야 한다. 벌써 어머니는 저쪽으로 가셨고 사랑하는 사람들도 나와 그와의 대화에 귀를 기울이려 하지 않는다. 그는 벌써 가만히 속삭여도 대화가 통할 정도로 가까이 서 있다.

그러나 또 하나의 '나'인 그는 불필요한 대화는 듣지도 대답하지도 않는다. 그는 언제나 몇 가지 대화만을 나누려 한다. '영원', '죽음', '무한', '허무', '운명' 등에 관한 대화이다.

이러한 대화에 잠기게 되면 나는 고독해진다. 끝없이 묻고 물어도 대답이 없으니 말이다. 안타까이 붙잡아도 잡히는 것이 없다. 나는 어떻게 되느냐고 물어도 메아리조차 없지 않은가! 공기가 내 몸을 둘러싸고 있듯이 무한과 허무가 나 하나만을 둘러싸고 가득 차 있다. 어딘가에 호소해보고 싶지만, 있는 것이라곤 나 홀로만이 아닌가. 나는 이런 고독이 있을 것이라고 예측은 했었다. 내가 존경하던 많은 사상가가 이런 고독에의 순례를 떠났던 것을 알고 있었기 때문이다.

그러나 막상 이러한 고독에 부딪히고 보니 그것은 이미 고독이 아닌 절망이 아닌가? 절망에게는 대화가 없다. 사귐의 여지가 있다면 아직도 절망은 아니다. 고독은 자기가 낳은 절망이라는 아들과 합세하여 나의 영혼을 응시하고 있는 것이다.

이제 이러한 고독 속에서, 절망의 밑바닥 속에서 무엇이 주어질 것인가? 가능이라는 어떤 소리가 들릴 수 있을까?

귀를 기울여본다. 전 인격을 귀로 삼고 무엇인가를 들으려는 자세로 돌아서본다. 이러한 나에게도 대화와 사귐의 한 점의 산소가 남았는가 하고. 그 어떤 전능자의 사랑의 속삭임이 들려질까 하고!

이러한 인간적인 고독, 거기에 대답할 수 있는 대화가 있다면 신의 사랑의 음성 이외에 또 무엇이 있을까?

살아간다는 것

인생론

우리는 밤의 암흑을 몰아내기 위해 촛불을 켠다.

초는 불타서 사라지고 만다.

초를 중심으로 생각한다면 그 존재가 사라지는 것이다.

그러나 초는 빛으로 바뀔 수 있어야 그 빛이 우주에 영원히 남을 수 있다.

그리고 암흑은 그 힘 때문에 자취를 감춘다.

무소유의 삶을 생각한다

오래전 일이다.

부산으로 가는 열차를 타고 있었다.

나와 마주한 사람은 수도복을 입은 사십 대 후반쯤의 남자였다.

중간 복도를 지나가던 승무원이 가벼운 점심거리를 권하면서 식당칸이 없으니 필요하면 사라는 것이었다.

수도사는 빵과 사이다를 사면서 2인분을 달라고 부탁했다. 나는 고마운 마음으로 대금을 내려고 했더니 그는 꼭 자기가 사고 싶다면서 돈을 지급하는 것이었다.

나는 고맙다고 말하면서 "수도사님은 돈이 없으실 텐데…"라고 했다.

"아닙니다. 오늘 같은 경우에는 필요한 돈을 수도원에서 받아서

나옵니다. 돌아가서는 무엇을 위해 어디에 썼다는 내용만 보고하면 됩니다. 얼마 안 되지만 선생님과 식사를 함께했다는 것만으로도 감사하지요"라는 것이었다.

나는 사이다를 마시면서, "역시 수도사님들은 소유 없이 사는 것을 서약하고 지키시지요?"라고 물었다.

"저희는 세 가지 규정은 엄격히 지키기로 되어 있습니다. 재물을 갖지 않기로 되어 있고, 여성과의 만남이 없습니다. 그리고 수도원 안에서는 말을 하지 않기로 되어 있으니까 자연히 바깥세상에 나와도 가급적 침묵을 지키게 됩니다. 어제는 제 부친의 장례식이 있어서 허락을 받고 다녀가는 길입니다"라는 설명을 덧붙여주었다.

기차가 왜관역에 멎었을 때 수도사는 조용히 인사를 하고 열차에서 내렸다.

그와 헤어진 뒤, 나는 젊었을 때 깨끗한 삶과 숭고한 정신을 위해 신부나 수도사들은 어떻게 살까 하는 가벼운 연모심 같은 심정을 느껴본 적이 있었음을 상기해보았다.

왜 신부나 수도사가 되고 스님이 되었을까.

흔히 속세를 떠나고 싶어서였다. 불필요한 상념의 노예가 되는 것도 어리석고 무의미한 소유욕에 사로잡혀 헛된 인생을 보낼 어리석음에서 해방되고 싶었던 것이다.

그렇게 함으로써 참된 삶이 무엇인가를 찾고 인생의 숨겨진 의미가 무엇인가를 터득하고 싶었던 것이다. 영혼의 안식이 세속적 욕

남아 있는 시간을 위하여

망보다 중하며, 무욕과 무소유의 삶은 인간적 죄악에서 구원받는 길임을 실천하고 싶었던 것이다.

인간적인 것을 버림으로써 인간을 초월한 성스러운 가치에 도달할 수 있으리라고 믿었던 것이다.

성인은 되지 못하지만 빈손으로 왔다가 빈손으로 사라져가는 무의미하고 무가치한 삶을 초월하고 싶은 정신적 바람은 누구에게나 있고, 나도 한때는 그런 꿈을 꾸었던 것 같다.

그러나 생각을 바꾸어볼 수도 있다.

신부나 스님이 되는 사람의 수가 적으니까 다행이지 모든 사람이 다 그 길을 택한다면 어떻게 될까. 세상 경제의 발전과 그 결과는 누가 책임질 수 있을까.

옛날부터 침묵은 웅변보다 귀하다는 말이 있으나, 정치인들의 웅변에는 거짓과 명예욕이 깔렸기 때문에 불필요한 언변보다는 침묵을 지키는 인품이 고귀하다는 판단은 옳으나, 선하고 아름다운 대화는 언제 어디서나 우리를 즐거운 행복으로 이끌어주지 않는가.

만일 남녀 간의 이성관계가 끊어진다면 후손들이 태어나지 못하며 종교적인 성스러움을 찾아 누릴 인간 존재 자체가 사라지지 않을까.

세속적이고 무가치해 보이더라도 인간적 삶이 존재하기 때문에 의미 있는 주체로서의 인간이 더 귀한 것이 아니겠는가.

사실 어떤 철학자는 세상에 태어나지 않는 것이 최고의 행복일 것이라고 말하기도 했다.

그래서 나 같은 사람도 인간을 사랑하기로 하자, 있는 그대로의 나를 사랑해야 한다는 생각을 했다. 니체의 차라투스트라는 성스러워 보이는 산에서 내려오면서 자신은 인간을 사랑하기 위해 세상으로 간다고 고백했다.

인간을 사랑하는 일, 그보다 더 소중하고 성스러운 가치의 삶은 없었기 때문이다. 석가도 그 뜻을 찾아 가르쳤고 예수도 십자가를 통해 그 길을 몸소 열어주었던 것이다.

인간을 사랑한다는 것은 나를 사랑하는 길이며 이웃을 위하는 삶인 것이다. 삶 자체가 하나의 공동체이다.

살아가는 방법의 하나가 무소유일 수 있다. 그러나 무소유가 삶의 목적은 아니다.

얼마 전 김수환 추기경이 우리에게 모든 것을 베풀고 갔는데, 오래지 않아 법정 스님이 무소유의 삶을 가르쳐주고 세상을 떠났다.

소유가 인생 전부인 양 허덕이고 있는 현대인들에게 고마운 교훈을 남겨주었다. 소유가 인생의 목적이 아님을 가르쳐주었다.

소유가 인생의 목적이 아니라면 무소유도 삶의 목표가 아니다. 인간은 소유의 유무를 위해 태어난 존재가 아니다.

몸의 부분인 어떤 기관이나 세포가 홀로 존립할 수 없듯이 인간도 공동체를 떠나 홀로 살도록 되어 있지 않다. 더불어 살도록 되어 있다. 태어날 때 그러했고, 죽음도 사회적 공동체를 떠나는 것이다.

그렇다면 무소유의 삶이란 어떤 것인가. 나를 위해서는 적게 가지고 이웃을 위해서는 많이 주는 삶이다. 그 정도와 노력에 따라 인생이 평가받을 수도 있다. 나는 많이 갖고 이웃에게는 적게 주는 것이 잘못된 인생이다. 소유에 대한 욕망이 바로 그런 것이다.

또 무소유의 삶 속에는 소유를 필수로 삼는 본능적 욕망이 깔려 있기 때문에 그 욕망이 삶의 고통과 번뇌를 유발한다는 생각을 버릴 수가 없었다.

그러나 생각해보면 반드시 그런 것도 아니다. 가장 값있는 인생은 어떤 것인가. 사랑이 있는 고통과 고뇌, 그보다 더 귀한 것은 없다. 우리가 존경하며 감사히 여기는 사람들은 누구인가. 우리를 위해 사랑의 짐을 져준 사람들이다.

얼마 전 한 강연 장소에 간 일이 있었다. 이야기를 나누던 사람들이 내가 여섯 자녀를 키웠고 지금은 30명이 넘는 자손들이 있는 셈이라고 했더니 모두가 축복받은 삶이라고 (칭찬 아닌) 칭찬을 해주었다. 그 당시에는 둘만 낳아 잘 키우자고 떠들던 때이기도 했다.

그런데 나를 가장 사랑하는 딸들은 "우리는 한둘만 낳아서 키우는 것도 이렇게 힘든데 어떻게 여섯씩이나 키우느라고 고생했느냐"고 말하곤 한다.

나는 그래도 너희 엄마의 고생이 컸기 때문에 오늘 너희가 있지, 둘만 낳았더라면 너희 가운데 넷은 없었을 것이라고 응수해주었다.

그때 막내딸의 얘기가 다음과 같았다.

"우리 같으면 그런 고생은 안 했겠다고 생각을 하다가도 엄마의 고생 때문에 우리 애들도 있다는 생각을 하면 눈물 날 정도로 고맙기도 하고…"라면서 지금은 없는 엄마에게 감사하고 있었다.

그렇다. 사랑이 있는 고생이 축복이다. 그 사랑이 클수록 고생도 많으나 그 많은 고생이 인생의 보람이며 행복이다.

국민을 정말 사랑했던 정치가, 가난한 사람을 위해 생애를 바친 기업가, 제자들을 누구보다도 사랑했던 스승, 환자를 가족과 같이 위해주었던 의사들, 인류의 고통을 나누어 짐 지길 원했던 종교인들, 모든 사람들의 절망을 희망으로 바꾸어주었던 신앙인들, 그들보다 더 행복한 사람이 어디 있겠는가.

그 대표적 인물들이 공자, 석가, 그리스도였기 때문에 우리는 그분들의 뒤를 따르고 있는 것이 아니겠는가.

산다는 것의 의미

1

삶의 출발은 누구나 다 같다.

그러나 도달하는 목표는 모두가 다르다. 동일한 방향에서 앞뒤의 거리가 있는 것만이 아니다. 방향 자체도 제각기 다른 삶을 사는 것이 인생이다.

그러므로 인간은 무엇보다도 먼저 자아의 발견과 완성이라는 일차적인 책임을 감당해야 한다.

인간은 식물이나 동물과 같이 종류로 구별하지 않는다. 개인으로서의 개체가 인간이다. 따라서 개성이 없는 인간은 제구실을 하지 못하며 인간다운 삶을 누리지 못한다.

만일 내가 없다고 상상해보라. 그러면 무엇이 남겠는가. 나의 무無는 그대로 세계의 공허를 가져온다. 내가 있음으로써 역사, 사회, 세계가 나를 중심으로 존재하는 것이다. 나는 내가 아는 세계 속에 살게 되어 있으며 나와의 관계성 속에서 세계의 의미를 찾는다.

그러면 나는 누구인가. 나에게는 육체적 자아가 있고 정신적 자아가 있다. 이 둘이 합해서 하나의 인격 자아를 형성하고 있다.

그러나 중요한 것은 나의 육체성이 아니다. 인간의 육체는 두 가지 면에서 언제나 공통성을 갖고 있다. 동일한 본능적 요소를 갖고 있으며 주어진 유래성의 지배를 받는다.

그러므로 인간들의 육체에는 큰 차이와 구별이 없다. 인간을 육체만으로 따진다면 인간도 역시 한 가지 동물의 종류에 속할 것이다. 어떤 면에서는 가장 뒤떨어지고 보기 흉한 동물일지 모른다. 동물은 죽을 때도 아름다움을 잃지 않으나 인간의 우는 모습은 가장 보기 흉하다는 누군가의 말이 생각난다.

육체적 인간은 공간에 속하기 때문에 크고 작은 차이도 별로 없으며, 삶의 내용이 같으므로 가치를 평가할 표준이 없다. 유래성이라는 것은 육체적 자아는 이미 주어진 것이라는 뜻이다. 체격, 체질, 체력 등 모두가 날 때부터 주어진 그대로이다.

그러므로 나의 나 됨은 육체적 자아가 아니다. 정신을 지닌 인격으로서의 자아이다. 우리는 육체가 없는 인격은 생각하지 않는다. 그러나 정신적 자아야말로 나를 만드는 자아이다.

그러면 이러한 자아는 어떻게 스스로를 발견하게 되는가.

남아 있는 시간을 위하여

인간은 오랫동안 육체라는 자연의 껍질 속에서 살아야 한다. 본능이라는 울타리 안에서 삶을 누린다. 그러는 동안에는 정신적 자아가 나타나지 않는다. 자아의 발견이 불가능하다.

그러나 언젠가는 육체와 본능의 울타리를 스스로 넘어서는 때가 찾아온다. 그때 비로소 내가 나를 보고 알게 되며 자아의식이 움트게 된다. 우리의 정신이 자신을 객관화할 수 있게 된다. 그러므로 정신적 자각이 없는 동물은 죽을 때까지 자아의식을 갖지 못한다. 자기 자신을 보거나 깨닫지 못하기 때문이다.

그러면 이러한 자아의식은 언제 나타나는가. 자신에 대한 자각은 어떻게 가능한가.

사람들은 그것이 넓은 의미의 교육에서 이루어진다고 생각한다. 가르치고 배우는 동안에 자신의 정신이 자라고 자아의식을 지니게 된다.

이때의 교육은 넓은 의미의 체험이다. 그리고 정신적 사고를 뜻한다. 여러 가지를 체험하고 많은 문제를 생각하게 될 때, 우리는 자아를 발견하게 된다.

그러므로 교육은 자기를 발견하게 하는 중요한 요소이며, 교육이 계속되는 동안 인간은 꾸준히 자아를 찾아 성장하는 것이다. 교육이 그치면 성장도 그친다. 체험이 멎으면 삶이 끝난다. 새로운 사색을 못하는 사람은 자기를 키워갈 능력을 잃는다.

그러나 자아의식을 남달리 강렬하게 느끼는 사람이 있는가 하면, 막연하게 자아를 느낄 뿐 뚜렷한 개성과 자각을 느끼지 못하는 사

람도 있다. 100의 자아의식과 20의 자아의식을 갖는 사람이 같다고
는 볼 수가 없다.

그러면 강렬한 자아의식을 갖는 사람은 어떤 성격의 인간인가. 자
아 속에 남다른 문제의식을 느끼는 사람이다. 다른 사람이 가질 수
없는 깊고 중요한 문제를 갖는 사람은 그만큼 자아의식이 뚜렷해진
다. 그러나 인간이면 누구나 갖는 문제로 만족하는 사람은 자아의식
도 빈곤하며 그에게는 확실한 개성이나 뚜렷한 자아성이 없다.

예술가는 예술을 통한 문제의식이 강렬하기 때문에 그만큼 자아
의식도 뚜렷해진다. 사상가는 자기 문제의 해결을 위해 노력하기
때문에 남보다 다른 자아성을 지니고 산다.

이 문제는 육체나 본능으로부터 주어지는 것이 아니다. 정신이
자기통일과 성장을 위해 불가피하게 찾아 누리는 문제이다.

그러므로 일반적인 성격의 교육도 두 가지 책임을 가진다. 처음
과정은 자아를 발견할 수 있도록 돕는 교육이며 다음은 스스로 문
제를 발견할 수 있도록 이끄는 노력이다. 초등학교에서 고등학교
중학년 때까지는 정신적인 성장을 돕는 일반적인 교육으로 그친다.
그 이상의 것은 아이들이 감당하지 못한다. 그러나 고등학교 상급
반이나 대학생이 된다는 것은 어떤 문제의식과 더불어 자기 자신을
발견하는 때가 되었다는 것이다. 우리는 그것을 흔히 전공의 선택
이나 생의 방향 결정이라고 부른다.

만일 우리 가운데 전공과목을 내가 선택할 수 없었다든지, 대학
에 다니면서 남다른 문제의식 없이 세월을 보내왔다면 그것은 질적

으로는 고등학교의 연장일 수는 있어도 문제의식이 뚜렷한 대학생이라고는 볼 수가 없다. 공과에서 기술은 습득할 수 있고, 상과에서 부기 이론은 배울 수 있어도 자신의 문제를 갖고 자기의 삶을 영위하는 인간으로는 성장할 수가 없다. 자신의 문제를 스스로 찾아 해결할 수가 없기 때문이다.

그러므로 진정한 자기발견은 자아의식에서 오며 그 자아의식은 문제의식에서 싹튼다는 결론을 얻게 된다. 어떤 문제를 가지고 사느냐가 어떤 인간이 되느냐이며, 어떤 문제를 해결 지었는가가 어떤 생애를 살았는가와 통한다.

우리가 젊은 지성인들에게 문제의 소유자가 되어달라고 부탁하는 이유가 여기에 있다.

2

이렇게 본다면 인간 및 자아의 성장이란 다른 것이 아니다. 하나의 문제를 해결 지음으로써 새로운 자신을 찾으며, 더욱 높은 문제를 해결함으로써 좀 더 높은 자아가 형성된다는 원리로 설명할 수 있다. 큰 문제를 해결 짓는 사람은 사회적으로 큰 영향을 미치게 되고, 대단치 못한 문제를 갖고 사는 사람들은 그만큼 생의 의미를 풍부히 할 수가 없다. 하찮은 문제로 일생을 보내는 사람은 값있는 인생을 살 수가 없으나 귀중한 문제를 해결하는 사람은 자연히 위대한 삶을 개척해간다.

그러면 우리는 어떤 문제를 갖게 되는가.

문제는 한없이 많다. 모든 사람이 각자 다른 문제를 가질 수 있으며 같은 사람도 시간과 장소에 따라 다른 문제를 갖게 된다.

그러나 우리는 크게 두 가지로 그 문제들을 분류할 수 있다. 하나는 정신적 삶의 영역에 속하는 문제들이며, 다른 하나는 사회적 생활에 속하는 문제들이다. 전자에는 학문, 예술, 사상, 도덕과 같은 정신적인 과제를 중심으로 한 문제들이 속하며, 후자에는 정치, 경제, 사회 문제들이 속한다.

물론 이 두 부류의 문제는 서로 구별될 수도 없으며 별개의 성격을 갖는 것도 아니다. 예술은 사회적 의미를 떠나서는 성립될 수 없고, 정치도 사상적인 과제를 제쳐놓고 해결되는 것이 아니다. 그러나 예술이 정신적 과제로 출발하여 정신적 결실을 얻으며, 정치가 사회생활의 변동과 발전에 이바지하고 있음은 누구도 의심치 않는다. 그뿐만 아니라 우리의 일상생활이 이 두 가지 면을 서로 나누어 가지고 있음도 사실이다.

그래서 어떤 사람은 학자, 예술가, 사상가가 되어 정신적 생활에 기여하고 있으며, 또 다른 사람들은 정치나 경제의 일선에 뛰어들기도 한다.

그러나 어느 종류의 문제를 택하든지 이 문제의 발견과 발생은 나를 둘러싸고 있는 사회 및 역사와의 관계에서 이뤄지고 있음은 두말할 여지가 없다. 만일 우리의 정신적 안목을 자기의 본능이나 폐쇄적인 자기 속으로 가두어버린다면 우리의 정신적 자아는 아무 문제도 찾아 누리지 못한다. 나의 정신적 자아가 나를 둘러싼 역사 속에서 얻는 것이 정신적 과제이며, 나의 인격적 자아가 나와 더불어 있는 인간들과 사회 속에서 얻어 갖는 것이 사회적 문제가 된다.

그러므로 역사의식이 없다든지 사회의식이 빈곤한 사람은 문제다운 문제를 발견하지도 못하며 그 문제에 의한 자기발견과 자아성장도 의미를 잃는다. 평범은 귀할 수 있어도 자아가 없는 평범은 의미가 없다. 값있는 일생을 살기 원한다면 인간은 누구나 역사와 사회를 보는 안목을 키워야 한다.

적어도 우리가 지성인이 된다는 것은 정신적 문제를 갖는다는 뜻이며, 대학생활을 한다는 것은 나를 사회 속에서 발견한다는 뜻이다.

한국 경제가 어떻게 되리라는 생각 없이 경제학을 공부하는 대학생보다 한국의 경제를 걱정하는 실업인이 귀하며, 진실이 무엇인지 물어보지 않고 명예와 지위만 탐내는 정치가보다는 삶의 사회적 의미를 묻는 이름 없는 젊은이들이 귀하다. 역사의식과 사회의식을 갖고 현실에 임할 수 있기 때문이다. 문제의식이 없는 사람은 죽은 물고기가 강물에 떠내려가는 것같이 생명력이 없는 인간에 그치게 된다.

3

그러면 이러한 문제를 가진 우리가 해야 할 일은 무엇인가.

정확하고 투철한 현실 파악과 이해가 있어야 한다. 모든 것을 바로 보고 바르게 깨닫는 능력이 있어야 한다. 사실을 사실대로 볼 수 없는 사람은 언제나 진실을 모른다. 진실에 입각하지 않고는 바른 판단을 내리지 못한다. 진실이 없는 곳에서 판단을 내린다면 그것은 허구가 되며 그 판단의 결과는 위험성을 동반한다.

우리가 선입관념의 노예가 되거나 주관의 아집을 버리지 못하는 사람은 값있는 삶을 살지 못한다고 보는 이유가 여기에 있다. 프랑스의 사르트르나 메를로퐁티 같은 철학자는 세계적인 학자이다. 그러나 그들도 사회주의 이념을 지나치게 신봉한 나머지 한국 전쟁은 미국이 일으켰으며 소련이 평화를 위한 휴전으로 이끌었다고 기술하고 있다.

만일 이런 과오를 우리가 범하고 있다면 우리의 판단과 행위는 언제나 무가치하며 사회적으로 불의와 해악을 끼칠 수 있다. 그럼에도 불구하고 우리는 역사나 사회 현실을 바로 보며 정당하게 판단할 능력을 갖추지 못하는 경우가 많다. 현실에 빠져버리거나 현상을 객관시할 수 없이 정확한 판단을 내리지 못한다면 그는 지성인이 못 되며 대학인다운 자격을 잃는다.

히틀러 정권하의 독일인들이 그런 과오를 범했으며 태평양 전쟁 직전의 일본 지성인들이 같은 현실에 말려들었다. 그 결과가 세계적 비극의 원인이 되었던 것이다.

아인슈타인은 한때 독일의 대학들보다도 이름 없는 기독교인들이 독일의 운명을 바로잡는 데 더 귀중한 책임을 감당했다고 말한 바 있다. 기독교인들이 현실을 더 바르게 보았으며 독일의 장래를 뜻깊게 걱정했다는 것이다.

둘째로 우리에게 주어진 책임은 무엇인가. 현실과 현상을 올바르게 파악한 뒤에는 그 현실에 참여하는 용기와 책임이 있어야 한다.

옳지 않은 것을 옳게 만들며, 악한 것을 선하게 만드는 용기와 참여가 없다면 불의와 악을 누가 제어할 수 있겠는가. 정신적 문제나 사회적 과제에 공통된 바가 있다면 가치 판단에서 반가치적인 면이 없어야 한다는 사실이다. 불의는 어디서나 용납될 수 없고, 악은 언제나 배격을 받아야 한다. 그것은 반가치적 요소를 우리들의 삶과 사회에 남기기 때문이다.

그러기 위해서는 현실, 즉 역사와 사회에 참여할 수 있는 용기가 있어야 한다. 생활의 진리는 참여의 진리이다. 참여가 없는 진리는 언제나 진리가 될 수 없다.

관찰자는 현상 밖에서 현실을 관찰한다. 그러나 실천하는 사람은 현실 속에서 행동하지 않으면 안 된다. 그렇게 되지 못한다면 우리의 문제는 해결을 얻지 못한다. 문제 해결은 앞에서 행위의 문제로 심화되며 행위가 없이는 참다운 문제 해결이 불가능하다. 만일 아무 노력도 없이 자유나 평등이나 평화를 얻으려고 생각하는 사람이 있다면 그는 환상가이거나 명상가에 지나지 않는다.

그러므로 우리가 얻은 진실한 판단이 이상이 되고, 그 이상이 구현되기 위하여 우리의 참여 행위가 필요해진다. 말하자면 문제의 해결이 사회·역사적으로 가능해지는 셈이다.

4

만일 우리의 정신적 과제가 여기에까지 이르게 되면 우리의 자아발견은 그것이 그대로 자아성장이 된다. 내가 얻은 문제를 통하여 자기 자신의 성장이 이루어진 것이다.

그러면 이제 남는 문제는 무엇인가. 어떻게 발견에서 성장의 과정을 얻은 우리가 자기완성의 단계에까지 이르게 되는가이다.

그보다도 더 중요한 문제가 있다면 도대체 인간에게 완성이 있을 수 있는가 하는 문제이다. 완성을 위한 노력은 반드시 필요하다. 그러나 완성이 과연 가능한지는 언제나 의문으로 남아 있다.

그러나 우리가 여기에서 말하는 완성은 인간이 신과 같이 완전해진다는 뜻도 아니며 흠잡을 것이 없는 인격의 완성을 의미하지도 않는다. 중요한 것은 생의 의미를 영구한 것으로 만들며 그 가치를 최선의 것으로 이끌어간다는 뜻이다. 세상의 만물은 모두가 자신을 완성으로 이끌어갈 의무가 있다. 완성을 위한 노력이 삶의 기본적인 원칙이다. 그러므로 우리는 그 완성을 육체적이거나 자연적인 욕망에서 얻으려 해서는 안 된다. 늙고 병들어 죽는 것은 인간의 운명적인 과정이다. 그것을 거부하거나 무로 돌릴 수는 없다.

그렇다면 완성은 어디서 오는가. 인격의 충분한 성장과 우리의 삶의 의미를 역사와 사회 속에 남기는 일이다. 즉, 삶의 의미와 가치를 나에게 국한시키지 않고 사회와 역사 속에 남길 수 있을 때 참다운 완성이 가능해진다.

우리는 예수의 유명한 비유를 기억한다. 밀알 한 알이 땅에 떨어져 썩으면 열매를 맺고, 썩지 않으면 한 알 그대로 있게 된다는 교훈이다. 밀알은 반드시 썩어서 더 많은 열매를 맺을 수 있을 때 자기완성이 가능해진다. 그 책임을 감당하자는 것이다.

우리는 밤의 암흑을 몰아내기 위해 촛불을 켠다. 초는 불타서 사라지고 만다. 초를 중심으로 생각한다면 그 존재가 사라지는 것이다. 그러나 초는 빛으로 바뀔 수 있어야 그 빛이 우주에 영원히 남을 수 있다. 그리고 암흑은 그 힘 때문에 자취를 감춘다.

썩어가는 밀알과 불타는 초가 된다는 것은 밀알이 제구실을 하며 초가 자신의 소임을 다한다는 의미가 된다. 인간에게도 마찬가지 이론이 통한다. 내 육체를 아끼고 보존하기 위하여 노력한다면 그것은 헛된 수고로 그친다. 오히려 사회와 역사를 위해 값지게 쓰려고 온갖 노력을 다할 때 그 노력의 가치가 영구히 남게 되고 우리는 삶을 완성할 수 있다. 살려고 하는 사람은 죽고, 죽으려고 하는 사람은 산다는 뜻이 바로 그것이다. 더욱 값진 것을 위해 나를 바치면 더 값진 삶을 살 수 있다. 만일 영원한 것을 이웃과 사회에 남길 수 있다면 우리 삶의 의미는 채워지며 우리는 영원을 살 수 있게 된다. 그것 말고는 자기완성의 뜻을 찾을 길이 없다.

종교적 신앙이 영원한 삶을 가리키는 것도 그와 통한다. 버림받아야 할 무가치한 육체와 본능적 삶을 언제까지나 유지하고 싶다는 뜻이 아니다. 그렇다면 그것은 인간의 욕망을 채우려는 생각을 넘어서지 못한다.

영원하다는 것은 삶의 의미가 실재實在로 바뀐다는 뜻이다. 살았다는 뜻이 영원히 남을 수 있을 때 가능해진다. 예수는 그것이 신의 뜻대로 사는 일이라고 가르쳤고, 석가는 진실에서 중생을 위하는 수고라고 알려주고 있다. 개인적인 삶의 의미가 이웃과 역사에 영구히 남을 수 있도록 노력하면서 살아야 한다는 뜻이다.

어떻게 늙어갈 것인가

늙는다는 것, 그 두 가지 형태

몇 해 전 읽었던 기사가 생각난다. 일본의 한 여론조사에서 '당신은 몇 살부터 늙는다는 사실을 발견했는가'라고 물었다. 그에 대한 대답은 약간 뜻밖이었다. 이십 대 후반부터였다는 것이다. 십 대 후반에서 이십 대 초반까지는 피곤을 느낀다든지 쉬어야겠다는 생각을 해본 일이 없는데 이십 대 후반부터는 피곤이 가시지 않는가 하면 체력의 한계를 느끼곤 했다는 것이다.

삼십 대가 되니까 배가 나오기 시작하고, 사십 대에는 머리카락이 희어지거나 빠지는 현상이 뚜렷해지고, 오십을 넘기니까 기억력이 떨어지는 것을 발견하게 되곤 했다는 조사였다. 육십이 지나면 이미 늙었으니까 더 말할 필요도 없어지고. 그렇게 일찍 노쇠 현상이 나타나는가 싶었으나 이야기를 듣고 보면 수긍이 가는 내용이기도 하다.

동양인들의 체력은 여자가 22세, 남자가 24세가 정상기라고 한다. 그 뒤부터는 서서히 체력이 하강하다가 사십 대가 되면 성인병 현상이 나타나고 '나는 늙었구나' 하는 생각을 누구나 하는 것이 보통이다. 여자 농구 선수가 25세에 체력이 달려 더 못 뛰겠다고 은퇴하며, 축구 선수들의 전성기도 이십 대 후반기로 바뀌고 있다. 기술이 뒷받침하기 때문에 더 활약하기도 하나 체력은 이미 고비를 넘기고 있다.

만일 그런 신체적 조건으로 따진다면 인간은 누구나 이십 대 후반부터 늙어가는 것이 사실이다. 서서히 성장이 떨어져 육십을 넘기고 생로병사의 후반 과정을 밟지 않을 수가 없다.

그러나 우리의 정신적 성장은 그렇지 않다. 이십 대 후반기나 삼십 대 초까지는 겨우 철들어 성장을 더해가기 시작한다. 사십 대가되면 인간적 성장이 왕성해지며, 오십 대에는 기억력보다 소중한사고력이 앞서게 된다. 그러다가 인간적 완성기는 육십이 넘으면서가능해진다. 사람들은 '인생은 육십부터'라는 말을 자주 한다. 정신직 성장과 그 완숙기는 육십부터라는 뜻이다.

나는 내 가까운 친구들과의 대화에서 인생의 성숙기는 언제로 체험했는가를 정리해본 바가 있다. 모두의 결론은 60세부터 75세까지였다는 얘기였다. 중요한 저서가 쓰인 것도 칠십 대 초반이었고 자신의 사상과 정신적 위상이 형성된 것도 같은 기간이었다는 것이다. 사실 육십이 되기 전까지는 인생의 의미도 깨닫지 못했는가 하면 삶의 보람도 터득하지 못했던 것이 사실이다. 인기를 따라 움직이지 않고 소수이기는 해도 존경의 대상이 된다는 것은 육십 이전에는 불가능했다는 것이 일생에 대한 회고담이었다.

독일에서는 오래전부터, 미국에서도 1993년 이후부터는 대학교수의 정년을 따지지 않는 것은 정신적 성장, 사상과 학문의 성숙은 오래 가능했다는 증거일 수도 있다. 칠십까지는 누구나 강의를 하고, 이보다 더 하고 안 하는 것은 자신의 학문적 성장의 문제라고 보는 것은 잘못이 아니다.

무엇 때문에 이런 문제를 제기해보는가. 우리 주변의 많은 사람은 두 가지 면에서 잘못된 관념에 사로잡혀 있다. 그 하나는 신체가 늙으면 인생 자체가 늙어버린다는 착각이다. 그래서 소중한 정신적 건강과 성장을 일찍부터 포기해버린다. 그것은 인생의 가장 중요한 부분을 상실하는 일이다. 신체적 건강도 그렇다. 사십까지는 건강한 신체에 건강한 정신이 머문다는 것은 사실이다. 그러나 사십이 넘으면서부터는 강건한 정신력을 가진 사람이 건강한 신체를 유지하는 법이다. 육십을 넘긴 뒤부터는 더욱 그러하다. 또 하나의 잘못된 관념은 내 늙음과 성장을 주변적 환경에 맡겨버리는 일이다.

최근에는 일찍 직장을 떠나는 경우가 많아지고 있다. 그래서 직장을 떠나 일거리를 잃게 되면 나는 할 일이 없어졌다고 해서 스스로 의욕과 성장을 포기하기 쉽다. 직장을 떠난다고 해서 일까지 없어지는 것은 아니다. 일은 찾으면 얼마든지 있다. 일이 없어졌다고 해서 내 시간과 삶까지도 빼앗길 필요는 없다. 자신의 정신적 성장은 선택과 노력에 따라 달라질 수가 있다.

옛날부터 우리는 육십, 즉 회갑 관념에 붙잡혀 살았다. 육십은 이미 늙어버린 나이이며 칠십은 고희古稀라는 잠재 관념 때문에 회갑만 지나면 나 자신도 늙었다고 생각하며 칠십이 지났는데 누가 나를 인정하며 받아주겠는가 하는 생각을 스스로 해버리곤 한다.

육십이라고 해서 늙으라는 법도 없으며 칠십을 지냈다고 해서 나 자신을 늙은이로 자인할 필요도 없다. 인생은 육십부터이며 칠십은 완숙기라고 생각하면 그렇게 될 수도 있다.

우리는 때때로 사회 지도층에 있던 사람들이 초라한 모습으로 나타나는 것을 보곤 한다. 그럴 때는 10년이면 강산도 변하는데 늙는 것을 어떻게 하느냐고 체념한다. 그러나 10년의 세월이 지났다고 모두가 늙으라는 법은 없다. 사십 대도 공부하지 않고 일을 중단하면 녹슨 기계와 같아서 노쇠해진다. 그러나 육십이 되어서도 공부하며 정신적으로 성장하는 사람은 젊은 활력을 유지할 수 있는 것이 인생이다.

우리가 바라는 것은 운명적으로 주어져 있는 신체적 늙음 속에 어떻게 강력한 정신적 활력을 충당시켜 인간적 보람과 젊음을 유지하는가에 달려 있다.

욕심과 의지는 다르다

사람은 누구나 태어날 때부터 욕망 또는 의욕을 지니고 있다. 그 욕망이 자기중심이 되며 이기적인 것으로 굳어지면 욕심이 된다. 그러나 그 의욕이 객관적 가치와 의미를 추구하는 방향으로 바뀌면 의지로 나타난다. 그래서 같은 본능을 갖고 출발하나 자기 욕심의 노예가 되는 사람이 있는가 하면 선한 가치를 구현하기 위해 노력하는 인생의 차이가 생긴다.

그러나 이 둘은 한 개인의 삶 속에 공존하기 때문에 지혜로운 사람은 언제나 자기 욕심을 멀리하고 모두가 인정할 수 있는 공동체에 이바지하려는 노력을 아끼지 않는다.

이때 문제가 되는 것은 오랜 세월을 공동체 안에서 살아온 노인들이 욕심의 노예가 되면 그 삶은 심히 추한 모습으로 나타나게 된다는 사실이다. 나이 들면서 가장 삼가야 하는 것 중의 하나는 노욕에 빠지는 일이다. 불행하게도 인생의 지혜를 상실한 노인들이 노욕을 극복하지 못하는 경우가 자주 있다.

생존을 위해 식욕은 필수적이다. 맛있는 음식을 많이 먹고 싶은 것은 인지상정이다. 그렇다고 해서 과식하거나 포식이 폭식으로 바뀌어 건강을 해친다면 연륜을 쌓은 노년기에는 추하게 보인다. 동물들도 과식은 하지 않는다. 몸에 해롭기 때문이다. 예로부터 소식 小食이 건강과 장수의 비결이라는 교훈이 전해지고 있다. 노인들은 적게 먹어도 열량의 부족을 덜 느끼게 되어 있다. 열량의 소모가 적기 때문이다. 미식은 용납될 수 있어도 식욕의 노예가 되는 것은 삼가야 한다.

요사이는 운동이 보약이며 적절한 운동이 건강과 장수를 위해 필수조건이라는 관념은 누구나 갖고 있다. 특히 신체적 노동이 없는 도회지의 중산층 이상의 경제력을 갖춘 사람들은 모두가 운동에 열중하고 있다. 좋은 일이다.

그러나 젊어서 운동선수가 되기 위해서는 운동을 위한 운동이 필요하나 늙어서는 운동 그 자체가 목적은 아니다. 운동은 즐길 수 있어야 하고 건강을 위한 보조수단의 하나이다. 건강은 일을 하는 데 필요하다. 나 같은 경우에는 일에 빠져 운동을 하지 못하다가 쉰이 넘으면서 운동의 필요를 깨달았다. 따라서 운동은 건강을 위해, 건강은 일을 더 많이 하기 위해서라는 사고가 자리 잡힌 셈이다.

그래서 무리한 운동은 하지 않는다. 하고 싶은 양의 90퍼센트 정도의 운동을 하면 다음 날 또 하고 싶어지며 나이 들어도 계속하고 싶은 의욕이 생긴다. 정년퇴직 후부터는 수영을 조금씩 계속하고 있다. 20년을 계속한 셈이다. 매일 수영을 즐기고 있다. 앞으로 3년은 더 계속할 생각을 하고 있다. 그 즐거움을 놓치고 싶지 않기 때문이다.

나는 주변에서 노년기 사람들이 운동에 욕심을 내고 지나치게 해서 건강을 해치는 것을 자주 보곤 한다. TV를 보면 의사의 지시에 따라 적절한 운동을 하라는 충고가 자주 나온다. 환자들을 위해서는 더욱 그렇다. 그러나 자기 몸과 건강을 위한 적절한 운동은 스스로가 지혜로이 찾아나가도록 되어 있다. 운동을 많이 할수록 건강해진다는 사고 때문에 지나친 욕심을 부리다 보면 건강을 해치기 쉽다.

보약도 그렇다. 양의사들은 보약을 권하지 않는다. 음식물을 고르게 적절히 섭취하면 보약은 필요 없을지 모른다. 나는 거의 약을 먹지 않는 편이다. 비타민 정도면 충분한 것으로 믿고 있다.

지나친 보약 때문에 건강을 해치는 사람들이 너무 많다. 옛날 우리나라 임금들이 단명했던 이유 중의 하나는 보약 때문이라고 한다. 일본 왕실의 병은 대부분이 소화기 질환이라는 말을 들은 기억이 난다. 맛에 취해 과식하는 것이 건강을 해쳤던 것이다. 중국을 비롯한 모든 왕실에서도 그랬을 것이다. 나는 보약을 멀리하는 친구들이 건강과 장수에서 남보다 앞서는 것을 항상 보고 있다.

일도 그렇다. 나이 든 사람일수록 일이 있어야 한다. 청·장년기에 일을 많이 했던 사람일수록 노년기에는 그 일을 계속해야 한다. 일을 놓치면 시간과 삶 자체를 상실하기 쉽다. 그러나 일에 대한 지나친 욕심은 금물이다. 100의 일을 할 수 있는 사람은 90 정도의 일을 맡는 자세가 좋다. 욕심내어 120의 책임을 맡게 되면 일도 제대로 못하면서 건강까지 망가뜨리기 쉽다. 90의 책임을 맡는 사람이 여유를 갖고 일을 즐기게 되면 120의 일까지도 할 수 있다.

나는 65세에 대학에서 정년을 맞이했다. 그때 퇴임식에서 나름대로의 약속을 했다. 이제는 대학을 졸업했기 때문에 대학 밖에서 사회적인 일들을 할 때가 되었다고 생각했다. 졸업생은 노는 것이 아니라 일하기 위해서 새 출발을 하는 것이라고 말했다.

그리고 20여 년의 세월이 지났다. 여건이 허락되는 대로 열심히 일했다.《종교의 철학적 이해》와《역사 철학》같은 저서도 칠십을 넘기면서 내놓았다. 내 친구인 서울대학교의 김태길 교수도 비슷한 나이에 주저들을 완성했다. 그 뒤에도 여러 권의 저서를 집필했다.《철학의 세계》는 팔십이 넘어 출간했다. 지금도 한 권의 원고가 출판사에서 진행 중에 있다.

퇴직 후에도 대학의 정규 강의는 끝냈으나 연세대학교와 지방 대학의 특강에 계속 임하고 있다. 주로 지방 대학의 초청을 받곤 한다. 공무원들을 위한 강의, 기업체 임직원들을 위한 특강, 사회단체의 초청을 받기도 한다. 나 자신이 진행하고 있는 강좌와 강연도 계속하고 있다.

저서 이외에도 청탁을 받는 원고도 집필해왔다. 평균적으로 하루에 20장 정도의 원고를 써온 셈이다.

이런 일들에 따르는 경제적 수입도 있다. 대학에서 받던 봉급 정도의 수입은 17년 동안 계속된 셈이다. 최근에는 일도 줄어들고 내 수입으로 생활하는 정도에는 미치지 못해도 일의 대가만큼은 도움을 받고 있다.

지금 생각해보면 내가 정년 후에 20년 동안 일할 수 있었던 것은 큰 행복이며 좋은 선택이었다고 생각한다. 욕심이 아닌 일에 대한 열정과 의지가 그 결실을 본 것으로 여기고 있다.

물론 건강이 뒷받침되었기 때문에 가능했다. 그러나 바꾸어보면

일 때문에 건강이 유지되었다고 볼 수도 있다. 팔십이 될 때까지는 해마다 해외 동포들을 위해 외국으로 출강하는 때도 많았다. 그러기 위해서는 정신적 준비와 건강에 대한 배려를 소홀히 해서도 안 된다.

그런 뜻에서 욕심 없는 일과 삶의 의지는 반드시 필요한 것이었다고 믿는다.

일은 꼭 있어야 한다. 그러나…

나도 어렸을 때는 놀고먹는 팔자가 상팔자라는 말을 들으면서 자랐다. 가난한 시절이었기 때문에 그런 생각을 했을지는 모른다. 그러나 그렇게 불행한 사고방식은 없다. 지금은 놀고먹는 청장년이 있다면 누구보다도 불행한 사람임이 틀림없다. 자신과 사회를 위해서….

늙은 사람들에게 있어서도 마찬가지다. 노후를 위해 경제적 준비를 갖춘 사람도 놀고 지낸다는 것은 소망스러운 여생 관리가 못 된다. 일을 하는 동료에 비하면 삶의 보람을 잃게 되고 삶의 보람을 잃는다는 것은 인생의 가치를 스스로 포기하는 일일 수도 있다. 일을 사랑하는 사람이 행복과 보람을 차지하는 것이 인생이다.

그렇다고 해서 늙은이들이 지나치게 부담스러운 공직의 책임을 맡는 것은 재고해볼 필요가 있다. 오래전 나는 한글학자 최현배 선생의 장례식에 참석한 일이 있었다. 그때 그를 아끼고 존경하는 한 후배의 얘기를 지금도 기억하고 있다. "최 선생께서 한글학회의 책임은 후배들에게 맡기고 뒤에서 지도만 해주셨다면 학회 일도 잘되고 당신의 건강도 유지하면서 학문적 업적을 더 남길 수 있었을 텐데…"라는 후회였다.

또 하나의 기억이 떠오른다. 이화여대의 김활란 박사는 총장 일을 끝내면서 이사장직을 맡은 바 있었다. 이사회에서 백 주년 기념 사업을 계획·추진하기로 했다. 가장 중요하고도 시급한 문제는 자금을 모으는 일이다. 그래서 김활란 선생은 앞장서 미국으로 모금 운동을 떠났다. 옛날에는 감리교 계통의 협조도 컸고, 동문의 성의도 높았기 때문에 적지 않은 재정적 후원을 받을 수 있었다.

그러나 지금은 다르다. 미국 감리교의 원로들은 은퇴했고 졸업 동문들의 후원도 뜻대로 되지 못했다. 김 박사는 온갖 노력을 했으나 모금 운동은 여의치 못했다. 좌절감에 빠진 김 박사는 부푼 꿈을 포기해야 했다. 그 사정을 알게 된 이화여대에서는 미국으로 가 김 박사를 위로하고 귀국하도록 종용했다. 귀국을 거절하고 애태우던 김 박사는 정신적 실의에서 오는 충격으로 건강까지 위협받게 되었다. 결국은 귀국한 지 오래지 않아 병을 얻어 세상을 떠났다. 내가 전해 들은 이야기다.

이런 면들을 배려한다면 칠십 정도의 노령이 되면 공직의 책임은 후배들에게 넘겨주고 배후에서 후원해주는 것이 정상인 경우가 많다. 물론 예외는 있다. 그러나 연로한 선배들이 생각하는 것보다는 언제나 후배들이 구체적인 일은 더 잘하게 되어 있다. 생각이 앞섰다고 해서 일의 성취도에서 반드시 앞서는 것이 아니다. 지위나 명예가 아쉬워서 그 자리를 지킨다면 그것은 더더욱 잘못된 판단이다.

왜 후배와 제자를 키우는가. 나보다 더 유능한 인재를 위해서가 아니겠는가. 그렇다면 직접적인 일은 후배에게 맡기고 정신적인 지원을 하는 것이 일의 전체적인 성공과 결과를 위해서도 바람직하다.

나는 생각은 남만큼 할 수 있어도 직접 하는 일은 잘 못하는 편이다. 10여 년 전에 박철원 씨가 누군가의 소개를 받아 찾아왔다. 독서 운동을 사회적으로 펼치고 싶은데 지도와 후원을 해줄 수 없겠느냐는 청이었다. 독서 운동은 대단히 중요하지만 또 어려운 일이다. 출판 운동을 했거나 도서관 사업을 한 사람이라면 모르지만 재정적 후원도 없이 그 일에 참여한다는 것은 무에서 유를 창출해내는 모험에 속하기도 했다. 무모한 일인 줄은 알면서도 필수적인 과업이기도 했기 때문에 정신적 후원자가 되기로 했다. 초대 회장직을 맡았던 것이다.

그러나 일선에서 일을 만들고 뛰는 일은 내 몫이 못 된다. 뒤에서 도와주고 위해주는 일에는 정성을 쏟았다. 겨우 자리가 잡히면서 회장직을 문화관광부 장관이었던 이○○ 씨에게 맡겨 제2대 회장으로 추대했다. 지금은 10여 년의 연륜이 쌓이게 되었고 제4대 회장까지 연장되어가고 있다.

한우리 독서문화운동본부가 그렇게 탄생, 성장하게 되었던 것이다. 그러나 지금도 나는 그 정신적 후원을 아끼지 않고 있다. 오히려 독서지도사들을 위한 강의에는 누구보다도 앞장서 출강해주는 처지이다.

지금 생각해보면 내가 그 운동에 앞장섰다든지 그 많은 일을 끌고 나가려 했다면 오늘과 같은 성장과 발전은 불가능했을 것이다. 지금은 배출된 독서지도사만도 4만 5천 명에 이르고 있으며 어린이 독서지도 기관은 거의 전국적으로 확산되고 있다. 전체 직원도 백여 명이다.

지금 회상해보면 내 일에 대한 선택과 처신은 실패한 것이었다고는 생각하지 않는다. 그 일을 하면서도 나의 개인적인 일은 차질 없이 계속해왔으니까. 물론 보수를 받은 것은 없으나 내가 재정적 여유가 있다면 더 협조해주고 싶은 마음은 갖고 있다. 재정적 지원을 해준 분들도 독서 운동에 동참해준 기업체와 기관장들의 정성 어린 협력자였던 것이다.

한 가지 어려운 문제가 있다. 일해야겠다는 의욕은 있으나 일자리도 없고 할 일도 없다는 현실이다. 일에 열중해야 할 청장년들도 직장을 얻지 못하고 있는 실정인데.

그래도 일자리는 없어도 할 일은 많은 것이 후진 사회의 특징이다. 노년기의 늙은이들이 후배들의 일자리를 탐낼 수도 없는 일이다. 수입이나 명예보다도 내가 남들이 하지 않는 일을 찾아서 한다면 후배들에게 모범도 되고 나를 위해서도 보람된 결과가 되지 않겠는가.

한 미국 교수가 대학을 떠난 뒤 자원해서 대학 도서관에서 한나

절씩 일한 적이 있었다. 신입생들에게 도서관 이용을 안내하고 독서를 이끌어주는 일이었다. 그 교수는 강의하고 있을 때 못지않게 즐거웠다고 회고한다. 비슷한 예는 어디에나 있다.

노년기에 할 수 있는 가장 쉬운 것은 지금까지 전문적으로 해온 일을 연장하는 것이다. 보수와 결과를 따지기 이전에 일을 먼저 해야 한다. 그러면 길이 열리게 되어 있다. 내가 아는 교수 한 사람은 평생 교육 중에서도 노인 교육에 앞장서 일하고 있다.

대개 학자나 예술가들은 직장의 정년은 있어도 일에는 정년이 없다는 사실을 잘 알고 있다. 일이 곧 인생으로 되어 있으며 직장이 오히려 일시적인 공간으로 느껴졌기 때문이다. 내 친구들도 정년이 되면서 장서들도 기증하고 쉬기로 했다가 다시 책을 사기도 하고, 도서관을 이용하면서 연구 활동을 계속하고 있다. 일을 상실하는 것은 시간과 삶의 내용을 낭비하는 것이기 때문이다.

또 어떤 이들은 노후에, 젊었을 때 못다 했던 취미 활동을 본격적으로 추진하기도 한다.

오래전 연세대학교에 봉직했던 장지영 교수의 경우가 생각난다. 팔십이 되었을 때 후배인 우리가 전화번호를 물었더니 연락처 두 곳을 알려주었다. 사연은 그러했다. 수십 년 동안 학교에 출강하다가 집에만 머무는 것이 부담스러웠기 때문에 자제가 운영하는 곳의 사무실을 하나 얻어 아침에 출근하고 저녁에는 귀가한다는 것이었다. 등하교 시간과 마찬가지로. 사무실에서 이전과 같이 공부도 하고 서예도 시작했다는 설명이었다. 측근들의 얘기를 들으면 꽃을 좋아해 난 가꾸기에 정성을 쏟고 있어 대단한 수준까지 도달했다는 것이었다. 약간의 수입도 생기고.

내가 아는 후배 교수 중의 한 사람은 젊어서 시작했던 그림 그리기에 본격적으로 착수해 오히려 여생을 예술인답게 살고 있다는 평을 받기도 했다.

만일 우리 가운데 늙어서 봉사 활동에 참여해 모범을 보여줄 수 있는 이가 있다면 그보다 더 존경스러운 일은 없을 것이다. 봉사 단체를 후원하거나 배후에서 정신적으로 협조하는 일은 무엇보다도 소중하다.

나는 기회가 생겨 월드비전 기관의 이사직을 맡은 일이 있었다. 나 자신이 무능하여서 앞장서서 일하지는 못한다. 그러나 뒤에서 협조해주는 즐거움과 보람은 더 귀하게 느껴지는 때가 있다.

나이 들면 공적인 일은 배후에서, 개인적인 일은 계속해서 진행시키는 자세가 꼭 필요하다. 그 어느 것에도 참여하지 못할 때는 취미 활동에서 삶의 보람을 이어가는 것이 옳다고 본다. 인간이 일을 통해 봉사하기 위해 세상에 태어났다면, 늙었다고 해서 그 가능성을 포기할 수는 없을 것이다.

노인의 자산은 지혜이다

젊었을 때는 용기가 필요하다. 그 용기가 만용이 되지 않기 위해서는 지적 판단이 동반되어야 한다. 그러나 용기가 없는 젊은이는 큰 뜻을 펴지 못한다. 장년기가 되면 일에 대한 신념이 있어야 한다. 옳고 그름을 알아야 하며, 해야 할 일과 해서는 안 되는 일을 가리는 가치 판단이 필요하다. 그 뜻을 어기게 되면 실패와 불행을 자초하게 된다.

그러다가 노년기가 되면 삶의 지혜를 갖추어야 한다. 오랜 연륜과 경험에서 얻은 지혜가 없다면 과거의 긴 세월을 잘못 살았다는 결과가 나타날지 모른다. 그러나 세상은 바뀌며 역사는 발전하기 때문에 과거에서 얻은 지식과 교훈만으로는 가족들과 후배들에게 도움을 줄 정도의 지혜를 살려갈 수가 없어진다.

그래서 늙은 뒤에도 생활에 필요한 지식과 인생의 의미는 계속 탐구해가는 노력이 필요하다. 텔레비전에서 뉴스도 들어야 하며 필요하면 신문의 논설도 읽어야 한다. 그러나 더 중요한 것은 청장년 기간에는 미치지 못하더라도 독서를 계속해야 한다는 것이다. 매스컴을 통해 시사성 있는 정보는 쉽게 얻을 수 있으나 오히려 이전에 읽지 못했던 고전에도 손을 대고 정신적 지도자들의 사상에도 접할 수 있다면 그 자체가 행복스러운 성장도 되며, 바쁘게 뛰고 있는 후배들에게는 이를 통해 인생의 조언을 해줄 수도 있다.

물은 높은 곳에서 낮은 곳으로 흘러내리도록 되어 있다. 노인들의 지혜는 자연히 가족들과 후배들의 마음 양식을 더해줄 수 있다. 늙어서도 강의나 강연에 임할 수 있다는 것은 그 자연스러운 정신과 생활의 기여도 때문이다.

지혜란 다른 것이 아니다. 인간적 양식良識이다. 그러기 때문에 생활의 교훈을 겸할 수 있게 된다.

우리는 모두가 교육자도 아니며 교육학자도 못 된다. 그러나 자녀의 교육은 책임져야 하며 손주들의 성장도 교육적으로 보살필 수 있어야 한다. 자녀가 우리 아버지와 어머니는 우리보다도 손주들에게는 교육적이어서 걱정이 없다든지, "얘들아, 그런 문제는 아빠, 엄마보다도 할아버지에게 물어보지"라고 말할 정도가 된다면 얼마나 좋은가.

그런 지혜를 갖춘 조부모가 되기 위해서는 노인들이 교육을 알아야 하며 교육적 현실과 이론에도 관심을 둬야 한다. 그런 것이 다름 아닌 지혜이다.

노인들은 다소는 있으나 모두가 가족의 어른이다. 슬하의 가족들이 다른 사람에게 조언을 청하지 않고 집안 어른들에게 의견을 듣고 도움을 받을 수 있다면 그것이 집안 어른으로서의 보람과 기쁨이 아니겠는가.

나는 요사이 대중교통을 많이 이용하고 있다. 시민의 생활상에도 접해보며 군중 속에서 내가 할 일은 없는지 찾아보기도 한다. 그러던 중 나도 모르게 여러 해 전부터 한 가지 습관을 갖게 되었다. 버스나 택시를 타고 내릴 때는 기사들에게 반드시 인사를 한다. '수고

하십시오', '고맙습니다', '덕분에 잘 왔습니다', '좋은 하루 보내십시오'라는 인사들이다. 상대방 기사가 어떻게 대하는가는 개의치 않는다. 나는 젊은 기사들에게도 정중히 인사를 한다.

우리는 간혹 그들이 예절을 모르며 친절하지 못하다고 탓한다. 그렇다면 그들에게 예절을 알려주며 친절히 대해주는 일은 먼저 우리가 해야 할 바가 아니겠는가. 나는 욕하면서 너는 친절하라는 법은 없다. 그런 모범을 우리가 보여주지 못했기 때문에 친절과 예의를 모르는 사회가 되지 않았는가.

사람은 내 직업이 다른 사람의 직업보다 천하며 마지못해 일하고 있다고 생각할 때는 자신을 천대하며 불행해진다. 이제 점잖은 노인들이 감사와 경의를 갖고 대해준다면 그들은 내 직업이 천하지 않으며 모두가 감사히 생각하는 고마운 일임을 깨닫게 된다. 그래서 행복과 자존심을 되찾게 되는 것이다.

노인들은 젊은 세대들에 대한 불만이 많다. 예의범절을 모르며 어른을 공경할 줄 모른다고 불평을 한다. 그러나 그 책임은 우리 자신에게 있다. 우리가 모범을 보여주지 못했기 때문이다. 노인들에게 이렇게 대하라고 말하기 전에 내가 먼저 모범을 보이는 것이 젊은이들을 선도하는 바른길이다. 나는 내 자녀나 후배들과 식당에 가는 때가 있다. 그때는 자녀나 후배들보다도 더 정중하게 서비스하는 이들을 대한다. 그것도 후세들에게 보여줄 수 있는 하나의 본보기가 되기 때문이다.

왜 그런가. 늙은이들이 우리 사회를 아름답게 키워가는 방법이며 봉사이기 때문이다. 우리가 무엇으로 사회를 돕겠는가. 도덕성이 있고 선하고 아름다운 인간관계를 키워가는 일이 얼마나 중요한가. 그런 책임을 느끼기 때문에 요사이는 대중교통을 이용하며 거리로 나가는 일이 즐거움이 되기도 한다.

늙은이들은 학문이나 예술로 사회에 이바지할 능력은 갖추기 어렵다. 특별한 사람을 제외하고는 보람 있는 업적을 쌓아가는 일도 쉽지 않다. 그러나 인생의 지혜를 통해 아름다운 인간관계를 육성해가며 선한 사회 질서를 높여가는 일이야 왜 못하겠는가. 그리고 다른 어떤 일보다도 그 일이 더 존귀한 것이다. 우리는 교통부 장관 때문에 행복해지는 경우는 별로 없다. 그러나 버스 기사나 택시 기사와 나누는 대화에서 즐거운 시간을 보낼 수는 있다. 그래서 버스나 택시 기사의 직책이 교통부 장관의 책임보다 귀할 수도 있다.

우리가 어떤 과학자보다도 공자를 존경하며, 어떤 예술가보다도 석가모니를 숭앙하며, 어떤 사상가나 철학자보다도 그리스도를 흠모하는 것은 그분들 모두가 인간적 삶의 스승이며 모범을 보여주었기 때문이다.

이웃의 고통을 조금이라도 기쁨으로 바꾸어주며, 후배와 젊은이들에게 인생은 이런 것이라는 도움과 모범을 나누고 보여줄 수 있다면 그보다 값진 일이 어디 있겠는가. 일상생활에서의 교훈과 지혜란 그런 것이다. 그런 의무와 책임을 찾아서 감당해주는 지혜를 실천하는 노년기를 가져보자는 것이다.

나는 얼마 전 서울역에서 한 노인이 젊은이에게 "나는 아직 시간

여유가 있으니까 먼저 가보세요"라면서 자리를 비켜주는 것을 본 일이 있다. 그런 노인들이 젊은이들에게 존경을 받으며 사회를 밝고 착하게 이끌어가는 주인공이 되는 것이다.

인생을 길게 반성해보라. 다른 사람들로부터 많은 것을 받으면서 사는 사람은 불행하며 보람도 적어진다. 그러나 많은 사람에게 작더라도 선한 도움을 주면서 사는 사람은 누구보다도 행복하며 감사한 인생을 살게 되어 있는 것이다.

어떻게 죽음에 임해야 하는가

나는 여러 해 전부터 85세까지는 지금과 같은 생활을 지속할 수 있도록 해달라는 염원을 하고 있었다. 건강과 일에 있어서….

지금 이 글을 쓰고 있는 동안에 만 85세를 넘기고 있다. 최근 2, 3년 동안에는 일도 줄었고 아내가 먼저 떠났는가 하면 건강에 대한 자신도 조금씩 약화되고 있다.

이제는 여생을 어떻게 설계할 것인가를 묻지 않을 수가 없다. 이 봄이 다 가기 전에 유언장도 남겨야 하겠다. 해가 지나면서 그 내용은 조금씩 바뀔 수 있겠지만 만일의 경우를 위해서도 유언장은 준비하는 것이 옳을 것이다. 서구인들은 일찍부터 유언장을 작성해두곤 한다.

유언을 생각한다는 것은 머지않아 찾아올 죽음을 준비하는 일 중

하나다. 사람은 누구도 죽음을 반기지는 않는다. 그렇다고 해서 죽음에서 도피할 수도 없으며 거부할 길도 없다. 오히려 죽음을 맞아 그 죽음을 극복할 수 있다면 그것이 인생의 완성인 동시에 승리일 수 있을 것이다.

죽음에는 고통이 뒤따른다. 그래서 고통 없는 죽음이 축복이라고 말하기도 한다. 죽을 때의 고통은 태어날 때의 고통과 성격이 비슷할지 모른다. 그 고통이 모든 삶의 내용을 망각의 순간으로 바꾸고 미지의 세계로 들어서는 계기가 되는 것일까.

내가 아는 신부 한 사람은 암에서 오는 고통을 마취 없이 참기로 하고 그대로 죽음을 맞이한 일이 있었다. 고통도 내게 주어진 삶의 짐이기 때문에 회피하고 싶지 않았다는 것이 측근의 말이었다. 그리스도의 고난에 동참하고 싶었고, 많은 사람들의 고통에 마지막으로 참여하고 싶은 선택이었을지 모른다.

나는 죽음을 세 가지의 필수적인 선택이라고 생각한다. 하나는 감성적이며 정서적으로 죽음에 임하는 길이다. 그런 사람들은 대개가 죽음은 사랑하는 삶의 종말이라고 생각한다. 죽음은 슬픔과 고통의 짐이다. 모든 것을 상실하는 아픔을 생각지 않을 수 없다. 사랑하는 사람들과의 마지막 이별을 강요당하며 감수해야 한다. 죽음은 고통스러운 슬픔의 장이 된다.

어떤 이들은 이 정서적인 느낌에 이성적인 판단을 강하게 접목시키거나 철학적 의미를 부여한다. 늦가을이 되면 모든 열매는 떨어지게 마련이다. 그래서 열매를 필요로 하는 이들에게 도움이 되고 새로운 씨앗이 되어 태어나기도 하며 더 많은 열매를 맺을 수 있다. 이 생명의 철칙에 순응하는 것은 지성인의 도리라고 믿는다. 작은 운명에의 순응과 사랑이라고 할 수 있을까. 그런 사고가 신념이 되고 의지가 되면 그는 유종의 미를 거둘 수 있다. 추하거나 부끄럽지 않은 임종을 맞이할 수 있다.

또 하나의 길은 죽음에 대한 종교적 선택이다. 어떤 종교를 믿든지 신앙인들은 죽음이 삶보다 덜 중요한 의미가 있다고 생각하지 않는다. 삶과 죽음은 어떤 영원한 섭리의 한 부분 현상이라고 본다. 신체적 죽음이 없으면 오히려 우리가 밝혀야 할 삶이 빛을 잃는 것으로 생각한다. 초는 불타서 빛을 발하는 동안에 사라져가며 그 빛의 책임을 다한 뒤에는 초로 남지 않는다. 그러나 초가 남겨준 빛은 초와 완전히 차원이 다른 밝음으로 이 우주 공간에 영원히 남는다. 또 그렇게 되기 위해 초는 불타 사라져야 한다. 더 많은 열매를 위해 한 알의 밀은 썩어야 한다. 그것이 조물주의 섭리이며 참된 삶의 의미이다. 그래서 신앙인들은 죽음은 영원에 동참하는 영적 삶의 새로운 탄생이라고 믿는다.

나도 젊었을 때는 감성과 정서적인 죽음을 느끼곤 했다. 장년기가 되면서는 이성적인 생명과 삶의 의미를 더 높이 바라보기를 원했다. 그러나 지금은 죽음을 통해 영원에 동참할 수 있다면 죽음이 불안과 공포의 위력을 가진 것은 사실이나 그것들을 넘어 죽음 뒤의 실재와 영원한 것에의 동참을 기원하고 있다.

나는 가장 행복하면서도 존엄스러운 삶은 목적이 있는 죽음을 택할 수 있는 사람이라고 생각한다. 내 생명이나 삶 자체보다도 더 귀하기 때문에 사랑했고 사랑하기 때문에 그것을 위해 죽을 수 있다면 그보다 더 값있고 영광스러운 (죽음을 통한) 삶은 없다고 믿는다.

아는 사람들은 그것을 순교자의 죽음이라고 말한다. 반드시 신앙적인 것을 가리키지는 않는다. 모든 사람을 위해 가장 필요한 것을 사랑했기 때문에 그것을 위해 죽을 수 있다면 그는 최고의 인생을 산 것이다.

아름다운 인연들

자유를 믿는 사람과 운명을 받아들이는 사람 중 어느 편이 더 많을까.

옛날 사람들은 운명의 신봉자가 더 많았던 것 같다. 가장 지혜로웠다고 자찬하는 그리스인들도 운명은 절대적인 것으로 믿고 있었다. 만능의 신인 제우스도 결정되어버린 운명은 어떻게 할 수 없는 것으로 여겨지고 있었다.

이런 운명론은 인도 사람들도 숙명적인 것으로 따랐다. 인도사상의 원천인 우파니샤드에 따르면 세상만사는 모두가 업보의 울타리 안에서 이루어지는 것으로 전래되고 있다.

동양의 노장사상도 인과질서로 엮여 있기 때문에 운명론적 사고는 넘어설 수 없는 규범과 같은 삶의 질서라고 생각되어왔다.

독일의 니체 같은 철학자는 인간 의지를 가장 존중히 여기면서도 결국은 큰 삶의 울타리 안에서는 '운명에 대한 사랑'으로 자기 철학의 결론을 짓고 있다.

우리가 결론을 내릴 수는 없으나 많은 사람들은 운명이라는 큰 울타리 안의 작은 자유를 인정하면서 살아간다는 것이 정직한 표현일 것 같다. 삶의 자유는 소중하지만 죽음 앞에서는 어떻게 할 수 없으며, 주어진 시간과 공간 속에서는 내 삶의 불꽃이 화려한 듯싶어도 무한의 시간과 공간 속에서는 아무 의미도 없는 것이 사실이다. 젊었을 때는 만사가 나의 선택과 노력에서 이루어진다고 말하지만 임종을 앞두게 된 많은 사람들은 '그때는 그렇게 할 수밖에 없었어'라고 자위하는 것이 인생일지 모른다.

이런 운명론적 사고를 약화시킨 개념 중 하나가 인연因緣이라는 이름으로 이어지고 있다. 인간관계에서 맺어지는 여러 성격의 사건들이 어떤 인연을 갖고 있으며 그 인연은 인과관계의 성격을 띠고 있다고 보는 것이다. 옷깃이 서로 스치는 것도 모두 인연이라고 불교 사람들은 자주 말한다. 피천득 씨의 수필을 읽는 독자들은 그의 작품 〈인연〉을 빼놓지 않는다. 만남과 세월의 인연이 마음 잔잔히 스며들기 때문이다.

이렇게 본다면 운명이나 인과관계 같은 철학적 논의에는 동참하고 싶지 않아도 우리는 스스로의 삶 속에 꽃을 피우고 열매를 맺고는 사라져간 크고 작은 인연의 자취들을 찾아보게 되는 때가 있다.

내 모친이 일생에 걸쳐 수없이 되풀이한 이야기가 있다. 내 생명의 은인은 북진에 있었던 파워라는 의사였다는 것이다.

어떤 동기였는지는 모른다. 부친은 젊었을 때 평북 운산 북진에 있는 금광촌에서 일자리를 갖고 지냈다. 지하에 들어가 채광을 하거나 광산의 잡무를 위한 육체노동을 한 것은 아니었다. 지금은 정확한 발음이나 스펠링은 알 수 없는 불랫지라는 토목 기술자 밑에서, 도로의 측량이나 경사도를 측정하는 조수로 일을 했던 모양이다. 우리나라 근로자로서는 약간 고급스러운 직업이었을지도 모른다. 동료들은 (그 뜻은 모르겠으나) 패장이라고 불렀던 모양이다.

그러는 동안에 내가 태어났다. 너무 병약했고 자주 경기를 일으키곤 했기 때문에 부모는 나를 데리고 그곳에 있는 유일한 병원으로 데리고 가곤 했다. 주치의가 미국 의사 파워였던 것이다. 일주일이 멀다하고 찾아오는 어린 애기를 본 파워 의사는 정성껏 살펴보면서 계속 한숨을 쉬곤 했다는 것이 모친의 얘기다.

그래도 정성 어린 치료의 효과가 있어 내가 다섯 살을 맞이하게 되었을 때 부친은 가족을 이끌고 고향으로 돌아오려고 했다. 자기 곁을 떠난다는 사실을 알게 된 파워 의사는 '이 애는 아버지가 의사나 되어야 살아갈 수 있을 텐데…' 하면서 걱정을 해주었다. 그러면서 계속해서 먹어야 할 약도 지어주고, 처방전을 써주면서 평양에 있는 기홀병원에 가면 친구 의사가 있으니 이 처방전을 보이고 10년을 더 복약해야 한다는 부탁을 했다.

아버지가 의학에 관한 책도 읽고 시골에서는 면허 없는 의사 대접을 받은 것도 그 의사의 충고를 따른 것이었다. 내가 기억하기에도 열 살이 넘을 때까지 아버지가 평양서 갖다 주는 기름진 물약을 먹었다.

이렇게 자랐기 때문에 모친은 파워 의사를 내 생명의 은인이라고 말했다. 고마운 분이었다. 그때 미국인들이 금광을 관리했기 때문에 나도 그 치료의 혜택을 받을 수 있었다.

그 뒤 반세기 이상의 세월이 흘렀다. 나는 미국 남쪽에 있는 한 대학에서 한 학기 강의를 끝내고 몇 곳에서 순회강연을 하다가 댈러스 시에 간 일이 있었다. 강연은 주로 교회에서 진행하곤 했다. 어느 일요일 오후였다. 오전에는 미국 사람들이 예배를 드리고 오후에는 같은 교회당을 빌려 교포들이 예배를 드리는 상당히 큰 교회였다. 내 강연은 오후 약간 늦은 시간에 배정되어 있었다.

이백 명 가까운 청중이 모였다. 교인들이 주가 되고 그 지역에 사는 교포들도 있었다. 강연을 하면서 보니까 내 정면 맞은쪽 층층대 한가운데 두 미국인이 앉아 있었다. 할머니로 보이는 여인과 그보다 약간 젊어 보이는 남자였다. 그 남자는 내 한국말을 알아듣지 못하는 것 같았고, 여자분은 열심히 경청하는 자세이기는 해도 내 강연을 이해하는 것 같지는 않았다.

비교적 긴 강연이 끝나고 돌아가는 사람도 있었으나 옆방에서 다과를 나누며 담소하는 자리에 참석하는 이도 많았다. 주최 측 사람들과 대화를 하고 있는데, 그 두 미국인이 다가와 인사를 했다. "내 강연을 이해할 수 있었어요?" 하고 물었더니 그렇지 못했다고 웃으면서 무엇을 좀 물어보아도 좋으냐고 여자분이 말을 꺼냈다.

"오늘 한국인들을 위해 서울서 교수님이 온다고 해서, 어떤 분이냐고 물었습니다. 평북 운산이 고향이고 1920년생이라는 얘기였습니다. 제가 옛날 운산에 살았고 여기 있는 아들이 1920년생입니다. 그래서 한국과 그 시절의 이야기를 좀 들을 수 있을까 싶었습니다."

오히려 내가 알아보고 싶은 일들이 많았기 때문에 당시 주변 상황에 관한 대화를 나눌 수 있었다.

"그러면 남편 되시는 분은 어떤 책임을 맡고 계셨나요?"

"제 남편은 몇 해 전 세상을 떠났는데, 그 당시에는 채광 기술의 책임자였습니다. 교수님의 부친은 기억하고 있을지 모릅니다. 미국인들이 많이 가 있지는 않았으니까요. 저는 이 아들이 자라면서는 미국을 오가면서 아들의 학교생활을 돌보곤 했습니다. 운산에는 학교가 없었으니까요."

"제 부친은 북한에서 탈출하지 못하고 모친만 함께 왔습니다. 아직 어머니는 건강하십니다. 서울에 계시구요…."

"그러면 서로 기억은 못하겠지만, 북진 일대의 환경은 지금도 머릿속에 떠오르곤 합니다. 저와 우리 가족들에게는 한국과 북진이 제2의 고향인 셈입니다."

"제가 오랫동안 궁금한 것이 한 가지 있습니다. 제가 태어나서 4, 5년 동안은 건강이 대단히 나빴습니다. 그래서 어머니가 자주 파워라는 의사의 도움과 치료를 받기 위해 병원을 드나들었다는데 혹시 그 파워 의사를 기억하십니까?"

"예, 잘 알고 지냈습니다. 제 큰아들도 같은 해에 태어났으니까 혹시 병원에서 서로 만나곤 했는지도 모르겠습니다. 한국 어머니와 애들은 찾아오는 일이 드물었습니다. 교수님 부친께서 특별한 대우를 받았는지 몰라도, 우리 큰아들도 정기적으로 파워 의사의 치료를 받곤 했습니다."

"그 파워 의사는 그 후 어떻게 되었습니까. 아직 살아 계시면 높은 연령이 되었겠는데…."

"한국에서 정년을 끝내고 2, 3년 더 있다가 미국으로 돌아왔습니다. 오하이오 주에 머무셨는데 7, 8년 전에 고령으로 세상을 떠났습니다. 부인은 아직 살아 있는데 요사이는 방문객이 누군지 잘 알아보지 못하는 모양입니다."

"한국에는 다시 가본 일은 없으셨고요?"

"아들의 탄생지이기도 해서 한 번쯤 둘이 가보고 싶기는 한데, 북한 땅이어서 갈 수도 없고요. 아들은 기술자입니다. 회사 일이 많아 좀체 휴가를 낼 수도 없답니다. 한국을 떠나올 때 반닫이 옷장을 하나 갖고 왔어요. 지금도 친구들이 찾아오면 한국 얘기를 하곤 합니다. 파워 의사의 집에 가면 한국 물건들이 많습니다. 그분은 골동품을 좋아했던 것 같습니다."

이런 대화를 나누는 동안에 인사를 나눠야 할 여러 사람이 있어, 어머니와 아들은 작별인사를 나누고 돌아갔다.

나는 철들기 전 5년 정도를 운산에서 보냈지만 그 모자는 더 긴 세월을 이국 땅, 그것도 깊은 산간에서 보냈으니까 제2의 고향이라는 생각이 강했을 것이다. 그래서 일부러 나를 찾아오기도 했고….

지금은 더 오랜 세월이 지났다. 파워 의사의 부인은 물론, 그때의 미국 어머니도 세상을 떠났을 것이다. 어쩌면 나와 동갑내기 그 기술자도 작고했을지 모르고, 생각해보면 꿈같은 옛날 일들이다.

긴 사연이 지난 오늘은 많은 변화가 생겼다. 내 슬하의 가족들이 미국에서 학업을 닦았고 여럿이 그곳에 살고 있다. 의사로 봉사하고 있는 가족도 넷이나 된다. 그중 한 사위는 파워 의사의 고향인 오하이오 주에 살면서 환자들을 돌보고 있다. 어떻게 보면 파워 의사로부터 내가 받았던 은혜에 충분히 보답하고 있다는 생각이 들기도 한다.

옛날 기억들을 더듬어보면 사랑으로 맺어지는 작은 인연들이 고맙고, 아름다운 열매를 남기면서 사는 것이 인생살이가 아닌가 하는 생각이 든다.

여름이면 생각나는 것들

오래전의 일이다.

나는 서울대학교 H 교수, 숭실대학교 A 교수와 같이 여행 도중에 스위스 제네바에 도착했다. 내 주장은 여기까지 왔으니까 알프스에 올라가보자는 것이었고, A 교수는 가봤자 별것 없을 테니, 피곤한데 호텔에서 쉬자는 생각이었다.

그러나 결국 다음 날 아침, 알프스 융프라우 봉에 오르기로 했다.

산 밑은 몹시 더운 7월이었다. 러닝셔츠만 입고도 땀을 흘려야 할 정도였다. 거기서 등산 열차를 타고 십 리쯤 올라갔더니 여름은 산 밑으로 가라앉고 어느덧 가을이 되어 있었다. 여기저기에 폭포가 보이고 시원한 바람이 더위를 잊게 해주었다. 다시 열차를 갈아타고 십 리쯤 올라갔다. 이제부터 눈앞에 전개되는 경치는 완전히 봄이다. 소와 양 떼들이 목초를 뜯어 먹으며 유유히 거닐고 있었다.

다시 열차를 타고 올라가 종점에 내렸다. 이제는 봄이 끝나고 겨울의 기후였다. 눈과 빙산이 우리 앞을 가로막고 있었다. 거기서부터는 지상으로 올라갈 수가 없으니까 바위산을 뚫어 파놓은 터널 속 열차를 타야 한다. 가지고 갔던 스웨터와 겨울옷을 꺼내 입고 암굴 속을 돌아 올라갔다.

마지막 정거장에 내리면 기차는 더 올라갈 수가 없으니까 엘리베이터가 우리를 수직으로 이끌어 올린다. 엘리베이터의 문이 열리고 정상에 내리면 암벽 위에 꽤 넓은 공간이 펼쳐져 있다. 큰 집의 정원쯤 되는 넓이다.

그곳에 서서 사면에 펼쳐진 경치를 보면, 한마디로 말해 장엄 그 자체이다. 동서남북으로 뻗어 있는 흰 봉우리들이 천고의 비경을 그대로 지니고 있다. 여기저기의 계곡 빙하에서는 눈사태에서 새어 나오는 굉음이 계속 들려온다. 안개와 구름이 산 중턱을 끼고 돌기 때문에 벽옥 같은 하늘이 머리 위로부터 무한의 공간을 차지한다.

여기도 아직 정상은 아니다. 융프라우 요흐라고 불리는 지점이다. '요흐'란 독일어로 '어깨'에 해당한다. 더 높은 봉우리가 앞을 가로막고 있다. 언제쯤 저 높은 곳까지 올라갈 수 있을까 싶은 생각이 들었다.

우리는 넋을 잃고 사면을 둘러보았다. 여기야말로 속세를 떠난 별천지라는 생각이 들었다. 정신을 잃고 도취되어 있는 동안 시간이 흘렀다. 늦은 오후가 되었던 것이다. 제네바를 떠난 시각은 새벽이었는데 말이다.

나는 두 친구에게 더 늦기 전에 하산해야 한다고 말했다. 그때 A 교수의 대답이, "이렇게 황홀한 세상을 두고 어디로 가지? 속된 세상으로 내려가기보다는 차라리 여기서 죽으면 좋겠군" 하는 것이었다.

그렇다. 피곤도 하고 올라가보아야 별것이 있겠느냐고 말했던 친구가 정상에 올라와 본 후에는 찬탄과 환희에 잠기게 되었던 것이다. 우리는 지금도 당시의 감격을 잊지 못한다. 옛날 괴테는 산 밑에서 웅장한 봉우리를 올려다보면서 모자를 벗고 절을 했다고 한다. 누구나 비슷한 심정에 빠지게 된다.

나는 이 지나간 일을 회상할 때마다 인생도 그런 것으로 생각한다. 노력해보았자 별것 아니며, 고생의 대가에 비하면 인생의 결실은 아무것도 아니라고 미리 단념해버리는 사람들이 있다.

그러나 언젠가 한번 인생의 정상에 오르게 되면 나 자신이 기대했던 것보다 더 훌륭하고 내 노력보다는 너무 장엄한 삶의 뜻을 깨닫게 된다. 내 친구 A 교수의 글에서도 같은 내용을 발견하는 때가 있다. 누구나 노력하면 알프스에 오를 수 있듯이 인생의 정상에도 누구나 오를 수 있는 것이 아닐까.

그렇다면 무엇이 문제인가. 누구나 인생의 등산을 시작하기는 하는데 왜 정상에는 오르지 못하는가.

가장 불행한 것은 최선을 다하지 않는 마음의 자세이다. 운동 경기나 등산을 꾀하는 사람은 충분한 준비를 하고 출발부터 정성 어린 노력을 기울여야 한다. 그럼에도 많은 사람은 뚜렷한 목적의식도 없이 인생을 시작하며, 성실한 마음의 준비도 없이 인생이란 게임에 임한다. 승리를 원하지 않는 선수가 어떻게 우승을 차지할까? 열심히 뛰지 않으면서 마라톤의 입상을 바란다면 그 자체가 모순일 수밖에 없다. 그런데 인생의 등산에 도전하는 많은 사람이 이 초보적인 자세부터 포기하는 때가 많다.

어떤 사람들은 인생 자체를 사랑할 줄 모르기 때문에 목적지에 오르기까지의 노력이 힘겨운 고통일 것이라고 착각한다. 성공에서 오는 행복과 즐거움은 인생을 끝낼 즈음의 노년기에 속하는 것이고, 거기에 도달할 때까지는 무거운 짐을 진 고난의 역정이라고 곡해한다.

그러나 인생의 등산은 그렇지 않다. 한때 한때의 전진이 행복을 더해주며 계곡을 넘고 험준한 등성이들을 정복할 때의 즐거움은 더 값진 것이다. 기쁨에 기쁨을 더해가고 성취에서 오는 만족을 계속 쌓아가는 것이 인생의 길이다. 그 노력과 정진이 마침내 노년기의 영광과 명성도 얻게 해주는 것이다. 99의 고생 끝에 100의 만족과 영광이 오는 것이 아니라, 1에서 100까지 지속적인 기쁨과 행복을 차지하는 것이 인생의 등산인 것이다.

그러기 때문에 우리는 최후의 목표와 최고의 정상을 향하게 되며, 그 정상까지 즐겁게 등정을 계속해나가야 한다. 도중에 포기하거나 등산을 중단하는 일은 없어야 한다. 다른 사람이 나보다 더 높이 올라갔다고 해서 실망할 필요도 없고 남보다 앞섰다고 자만할

바도 아니다. 내가 도달할 수 있는 최고의 목표까지 즐겁게 최대한의 노력을 다하면 된다. 그것이 행복이고 성공이며 승리이다. 인생의 등산은 제각기의 선택과 목표에 이르는 것이기 때문이다. 즐겁게 일하면서 영광스러운 성공에 이르는 것이 인생의 등산인 것이다.

나는 더위가 심한 7월을 맞을 때마다 어떻게 피곤을 즐거움으로 바꾸며 더 높은 인생의 정상에 도전할 수 있을까를 생각해보곤 한다. 그리고 젊은 독자들에게 같은 희망과 용기의 뜻을 나누어주고 싶어진다.

영원을 꿈꾸는 이의 사색

종교론

무한의 우주 속에 할딱이는 육체,

끝없는 시간 위의 한순간을 차지하고 있는 내 생명,

가없는 암흑을 상대로 곧 소멸되어버릴

한 찰나의 가느다란 불티 같은 내 의식,

이것이 나다.

내가 이 세계 안에 있다는 것은

바로 이러한 현실 이외의 아무것도 아니다.

처음과 마지막 시인

시인 윤동주의 고향은 간도 용정이었다. 당시 그곳 동포들은 애국심으로 뭉쳐 있었다. 윤 형이 평양의 숭실중학을 찾아온 것은 기독교 신앙과 민족애를 뜻했기 때문이었다.

나는 윤 형과 한 학년 같은 반에서 공부하는 동안에 그의 곧고 따뜻한 마음씨를 가까이서 느끼곤 했다. 윤 형은 그때부터 시를 쓰고 있었다. 황순원 선배와 더불어 학교 잡지인 〈숭실활천〉 편집에 정성을 쏟던 흔적은 지금도 엿볼 수 있다. 그들의 작품이 남아 있기 때문이다.

그러던 중 조선총독부는 우리 학교의 문을 닫고야 말았다. 신사참배를 거부했기 때문이었다. 나는 학교를 자퇴했고 윤 형은 신사참배가 없는 고향으로 되돌아갔다.

그 뒤 윤 형은 연희전문 문과에 입학했고 계속 시를 연마해갔다. 지금 남겨진 시의 대부분은 그 당시의 작품들이었을 것이다. 지금 연세대학 교정에는 그의 시비가 세워져 있다. 친필을 옮겨 실은 것이다.

죽는 날까지 하늘을 우러러
한 점 부끄럼이 없기를,
잎새에 이는 바람에도
나는 괴로워했다.
별을 노래하는 마음으로
모든 죽어가는 것을 사랑해야지
그리고 나한테 주어진 길을
걸어가야겠다.

오늘 밤에도 별이 바람에 스치운다.

1941. 11. 20 東柱

그 뒤 동주 형은 일본의 도쿄와 교토에서 수학하다가 일경에 붙들려 투옥, 해방을 앞두고 29세의 삶을 마감한다.

그 당시에는 나도 일경의 감시를 받으면서 교토에 머물렀다. 그 뒤 나는 윤 형의 모교인 연세대 교수가 되어 30여 년 동안 교편을

잡았다.

그런 인연이 있어 시인 동주는 나의 처음 시인이 되었다.

내가 말년에 사귄 시인은 구상이다. 5, 6년 동안 같은 일에 참여하면서 구상으로부터 몇 권의 시집을 증정받기도 했다.

그 당시 구상은 병중에 있었다. 얼마나 여생이 주어질지는 몰라도 죽음과 싸우는 투병 생활을 계속하고 있었다. 그러나 만날 때마다 미소와 유머는 잃지 않고 있었다.

구상이 남겨준 시 가운데 하나다.

고백

어느 시인은 하늘을 우러러
'한 점 부끄럼이 없기를' 하고 읊었지만
나는 마음이 하도 망측해서
하늘을 우러러 부끄럽고 어쩌구커녕
숫제 두렵다.

일일이 밝히기가 민망해서
애매모호하게 말할 양이면
나의 마음은 양심의 샘이
막히고 흐리고 더러워져서
마치 칠죄七罪의 시궁창이 되어 있다.

하지만 머리 또한 간사하여

여러 가지 가면과 대사를 바꿔가며

그래도 시인이랍시고 행세하고

천연스레 진·선·미를 입에 담는다

……

막상 그 죽음을 떠올리면 이건 더욱

그 내세來世가 불안하고 겁난다.

이 밤도 TV에서 저 시구를 접하고는 걷잡을 바 없는 암담 속에 잠겨 있
다가 문득 벽에 걸린 십자가상을 바라보고는 그 옆에 매달렸었을 우도右
盜처럼 주절댄다.

주님 저를 이 흉악에서 구하소서……

……

윤동주도 구상도 신앙인이었다.

동주는 착하고 아름다운 꿈을 우리들에게 안겨주었다. 나도 그렇
게 살고 싶었다.

그러면서 반세기를 살았다. 팔십을 넘기면서는 나와 비슷한 나이
의 구상의 마음을 짐작할 수 있고 억지로라도 공감하지 않을 수 없
었다.

동주의 시를 사랑할 때는 아침이었다. 그러나 구상의 시를 읽을
때는 이미 인생의 석양이 되어 있었다.

신앙은 내세를 거부하지 않는다. 그래서 죽음을 통한 내세를 염원할 때는 두려움이 찾아온다. 나의 모든 과거가 죄스러웠기 때문이다.

나도 그렇다.

동주의 마음으로 출발해서 구상의 영혼을 체감하고 있다. 부끄러움 없이 살고 싶었다가 죄인 됨을 고백하는 것이 신앙인의 일생일 것이다. 동주에게서 맑은 삶을 깨우침 받았으나 나의 마지막 시인인 구상에게서는 더럽혀진 생애를 고백하게 된다.

나와 같이 동주의 시를 사랑했던 내 친구 한 사람은 "김 선생, 나는 죄가 많은 사람이야"라는 마지막 말을 들려주었다.

나는 그 친구가 영원의 문 앞에서 남긴 고백이라고 생각했다.

내가 있다는 것

만일 내가 없었더라면

만일 내가 없었더라면? 지금 이 글을 쓰고 있는 내가 이 세상에 태어나지 않았더라면 모든 것은 어떻게 되었을까?

내가 없었다고 해도 태양은 여전히 그 궤도를 돌고 있을 것이며 달은 보름마다 둥근 지면을 비추고 있을 것이 아닐까. 산새들은 여전히 지저귀고 있을 것이며 냇물은 오늘도 그 어디론가 흐르고 있을 것이 아닌가. 시장에는 사람들이 들끓고 있을 것이며, 봄이 되면 양지쪽 산모퉁이에 앉은뱅이가 졸고 있을 것이 아닌가. 젊은이들은 여전히 사랑의 달고 쓴 잔을 기울이고 있을 것이며, 예술가들은 미를, 학자들은 참眞을 찾아 마음의 비탈길을 헤매고 있을 것이 아닌가.

만일 내가 없었더라면 누구도 내게 뜻을 두는 이 없었을 것이며 정을 붙인 사람조차 없을 것이니, 그것은 아무도 가본 일이 없는 어떤 산골짜기에 모래알 한 알이 있었다는 것보다도 무의미한 일이 아닐까? 물론 그렇다. 아무리 작더라도 있다고 하는 것은 없다는 사실보다는 위대하다. 가장 젊은 나이로 천하 통일을 이루었던 알렉산드로스 대왕도 만일 그가 존재하지 않았더라면 지금 이 붓끝 밑에 앉아 있는 파리 한 마리만도 못한 것이 아닌가!

그러나 문제를 이렇게만 생각할 수는 없다. 내가 있으나 없으나 마찬가지라는 것은 표준을 다른 데 두었을 때 가지게 되는 생각이다. 내가 없었다고 해서 태양에 변화가 일어나는 것도 아니며 바닷물이 줄어드는 것도 아니다. 만물은 저대로의 운행과 변천을 지속하고 있을 것이다. 그러나 일단 생각을 나 자신에게로 돌린다면 어떻게 될까.

내가 있으니 우주도 세계도 역사도 우리의 사회적 현실도 이렇게 있는 것이지 내가 없었더라면 이 모든 것은 없는 것이 아니었을까? 내가 없어도 태양은 그 궤도를 돈다지만, 그것은 다른 어떤 사람의 태양일 수 있을지는 몰라도 이미 내 것은 아니며, 나와 더불어 태양은 없는 것이다. 내가 없어도 대한민국은 남아 존속되는 것이 아니냐고 반문할지 모르지만, 그것은 내가 있으므로 가정해보는 사실이지 내가 없는데 무엇이 있다는 것인가!

이처럼 내가 없었더라면 하는 생각을 나 이외의 다른 데 표준을 두었을 때는 나는 있어도 없어도 마찬가지였지만 일단 내가 있다는 사실을 나 자신에게로 집중시켜본다면 내가 있다는 것은 무엇보다도 귀중한 사실이 된다. 유와 무의 차이는 객관적인 측면에서 볼 것이 아니라 주관적인 위치에서 보아야 하며, 그때는 이렇게 엄청난 차이를 가져오는 것이다. 내가 있으므로 세계가 있고 내가 없을 때는 모든 것이 무로 돌아가버리고 말 정도로 내 존재는 귀중한 위치를 가지는 것이다.

그것은 마치 내가 원심점이 되고 이 세계는 원의 면적인 것 같아서 내 위치에 따라 세계는 변하게 마련이며, 원심점으로서의 내 존재가 사라지면 원으로서의 세계도 또 없어지는 것과 마찬가지다. 그뿐만 아니라 일단 내가 존재하게 되었을 때는 다른 모든 것도 있다고 자취를 나타내게 되지만 내가 존재에서 소멸한다면 이 세계와 우주는 그대로 사라져버리고 만다.

이처럼 나는 하나의 점 같은 존재일지라도 이 광대한 우주와 동등한 1 대 1의 것이며, 그 무게를 저울대로 다룬다면 나와 세계는 꼭 같은 무게를 가지는 존재가 된다. 오히려 파스칼의 말대로 나는 우주를 생각할 수 있어도 우주는 나를 생각할 수가 없으니 내가 우주보다도 더 중요하고 값진 존재일지도 모른다.

이제 다시 생각해본다. '만일 내가 없었더라면' 어떻게 되었을까? 이 광활한 우주, 복잡한 세계, 인류와 역사, 사회와 문화, 그 아무것도 없었을 것이다. 아니, 이런 것들을 생각하고 있는 나 자신이 없는데 도대체 이런 것들을 생각의 대상으로 꺼낼 건더기조차 없는 것이 아닌가! 내가 없었더라면 모든 것은 무와 또 무, 암흑과 또 암흑이었을 뿐이다. 아니다. 무, 암흑이니 하는 것 자체가 내가 붙여준 이름일 뿐이지 내가 없었다면 나와 더불어 모든 것은 없는 것이 되어버렸을 것이다.

내가 있다는 것, 이것이 모든 것의 출발이며, 빛의 근원이며, 존재의 바탕이다. 나는 하나의 내던져진 존재일지 모른다. 이유도 조건도 없는 하나의 우연한 산물일지 모른다. 있을 수도 없을 수도 있었던 한 우연의 결과일지 모른다. 저녁놀이 떠오를 무렵 날아드는 한 마리의 부유蜉蝣같이, 물구렁텅이에 아침에 생겼다가 낮에 없어지는 벌레같이 우연하고도 무의미한 것일지 모른다.

그러나 일단 내가 여기 존재하게 된 뒤에는 내가 있다는 사실과 더불어 모든 것은 질적인 변화를 가져온다. 내가 있다는 사실보다 더 절대적인 것이 없으며 나보다 더 귀한 것이 있을 까닭이 없다. 그야말로 유아독존이란 이를 두고 한 말이 아닐까.

내가 있다는 것, 이것이 모든 것의 출발이며, 이로부터 세계와 우주는 그 자리와 의의가 있게 된다. 우주의 중심점이 내게 있으며 세계의 모든 무게가 나라는 초점 위에 머물고 있다. 나의 존재는 이렇게 귀중할 뿐만 아니라 지금 내가 여기에 있다는 사실이 전체 세계의 발단과 근원이 되고 있다.

이러한 내가 지금 여기에 있다. 없는 것이 아니라 지금 여기에 뚜렷이 이렇게 있는 것이다.

그러나 내가 있다는 것도…

내가 여기에 있다. 이 세계와 우주의 중심점인 내가 있다. 옛날 아르키메데스는 "움직이지 않는 지점을 보여준다면 거기에 서서 지구를 움직여 보이겠다"고 말했다지만, 나야말로 아르키메데스의 점과 같이 모든 존재와 의미의 중심점이 아닌가!

그러나 내가 나를 살펴보았을 때, 나라는 존재만큼 약하고 보잘것없는 것이 또 어디 있을까.

나를 내가 되게 한 첫째 조건은 내 육체가 있다는 것이다. 내 머리, 가슴, 사지와 그 지체들이 있어서 나는 내가 된 것이다. 그러나 내 육체를 이 무한의 우주에 비한다면 그것이 무엇이 된다는 것인가? 나와 같은 인간들이 수십억이나 붙어살고 있는 이 지구를 콩알한 알만큼 작은 것으로 상상해보자. 이 지구가 돌고 있는 중심에는 많은 위성을 거느리고 있는 태양이 있다. 이 태양계가 얼마나 크리라는 것은 겨우 짐작이 갈지 모른다. 그러나 이 태양계가 천문학적 숫자가 아니고는 계산해낼 수 없는 시일을 가지고 그 어떤 공간을 움직이며 돌고 있다. 이러한 태양계에 비교될 만한 천체들은 이 우주에 그 수를 헤아릴 수 없을 정도로 많이 있다. 그렇다면 나를 둘러싸고 있는 이 우주는 얼마나 광대한 것인가!

빛은 1초 동안에 지구를 여덟 바퀴나 돈다고 한다. 그 이상 빠른 것이 없어서 물리학자들은 빛의 속도를 가지고 시간의 표준을 삼는다. 그런데 저 푸른 하늘 아득히 먼 곳에 있으리라고 추측되는 수많

남아 있는 시간을 위하여

은 별은 몇백만 광년이나 되었을 텐데 아직도 그 빛이 이 지구에는 미치지 못하고 있다지 않는가? 그러니 이렇게 무한의 크기를 가진 우주에 비하여 내 육체가 도대체 무엇이라는 것인가?

그 육체를 붙들고 우리는 울고불고 야단이다. 이가 한 개 빠졌다고 야단이며 발가락이 하나 부었다고 걱정을 하며 돌아다닌다. 코가 두세 치만 높았더라면 미인이 되었겠는데…. 볼에 기미만 없었어도 좋았겠는데…. 이렇듯 사소한 온갖 것에 마음을 써가며 살고 있다.

그렇다고 이 육체가 육체대로 완전한 것도 아니다. 대뇌 속에는 피가 몇 방울만 고여도 폐인이 되든가 죽어야 하며, 혈관 세포의 운동신경까지 재어가면서 살아야 하는 것이 인간이다. 눈에 보이지도 않는 백혈구가 많이 죽었다느니, 어떤 균에 대한 저항력을 가지지 못했기 때문에 수많은 의사의 지혜로도 생명을 1분도 더 연장할 수는 없었다고 떠들고 야단하면서 사는 것이 우리 인간이다. 아니, 나 자신이다.

이렇게 있으므로 위대했던 나라는 존재가 없음 앞에서는 비참한 나로 변해버리고 마는 것이다.

나로 하여금 나 되게 하는 두 번째 조건은 내 생명이 어느 정도의 시간을 차지하고 있다는 일이다. 19○○년 ○○월 ○○일부터 20○○년 ○○월 ○○일까지라는 몇십 년의 시간을 가질 수 있다는 사실이 내가 있다는, 내가 살고 있다는 사실을 증거로 세워주는 것이다. 나는 그 이전에도 없었으며 나는 그 이후에도 있을 수는 없다.

오직 주어진 기간만이 나의 생존이며 나의 나 됨을 의미할 뿐이다.

그러나 생각해보라. 이 몇십 년이란 세월이 도대체 무엇이란 말인가? 2천 년 자라는 나무의 수명에 비해 내 80년이 얼마나 길다는 것이며, 2만 년 변함이 없는 바윗돌에 비하여 내 한평생이 어쨌다는 것인가. 평안북도 동룡굴에 가면 1센티미터가 자라는 데 백만 년이 걸리는 종유석이 우뚝 서 있다. 그런 몇천만 년이나 몇억만 년의 시간에 비하여 내 80년이 무슨 뜻을 가진다는 것인가. 무한 앞에서 유한은 없는 것과 마찬가지며, 끝없는 옛날로부터 끝없는 앞날에까지 미치는 무한한 시간에서 내 한평생이 무슨 뜻을 가진다는 것인가?

우리는 이러한 시간 속에 살면서도 누구는 장수했는데 어떤 사람은 요절했으니 불행하다고 말한다. 나는 너보다 두 살이 더 위이며 저 사람은 너보다 5년이나 일찍 죽었다고 계산하면서 살고 있다. 그것은 마치 제트기를 타고 높이 올라가 동해와 서해를 한눈 아래로 내려다보고 있는 비행사에게 내 모래성과 갑돌이의 모래탑을 비교할 때 누구 것이 더 높으냐고 묻고 있는 유치원 애들보다도 더 어리석은 일이 아닐까! 내 일생의 길이를 우주의 영원한 시간과 비교해볼 때 그것이 무엇이란 말인가?

그러면서도 우리는 이러한 생명의 길이를 내 마음대로 지배하거나 조종하지를 못한다. 백 년의 계획을 꿈꾸면서 대문을 나섰던 젊은이가 시체로 돌아오는 일도 있으며, 아직 생명이 무엇인지 생각조차 못해본 어린애가 몇 도 몇 분이라는 신열 때문에 생명을 잃기도 한다.

나는 할아버지가 당신의 맏아들과 손자인 부친과 나를 보고 세상을 떠나려고 감감히 기다리다가 "으응, 한 5분만 더 기다려보면 좋겠다"고 말씀하시면서 세상을 떠났다는 이야기를 어려서 들은 일이 있다. 가장 사랑하는 이를 위해서 5분의 여유를 마음대로 못하면서 죽어가는 것이 인간이며 나 자신이다.

역시 무無 속에서 태어난 유有이기 때문에 무 앞에서는 꼼짝을 못하게 마련인 것이 나의 존재인 모양이다. 지금 이 순간에라도 무슨 일 때문에 내 생명을 잃어버릴지 모르는 현실 위에서 각박하게 1분 1초의 시간과 싸워가며 누리고 사는 것이 내가 아니고 무엇인가.

혹은 내가 있다는 또 하나의 조건은 내 사색, 내 의식이 작용하고 있다는 것을 뜻할지도 모른다. 인간으로서의 내 존재는 내 의식과 사고를 의미하는 것이며 모든 예술과 학문과 사상은 그 결과로서 얻어진 내용이기 때문이다.

사고와 의식 작용이 없는 육체라면 그것은 이미 인간이 아니며 인식과 의식이 불완전해도 나는 나의 존재성을 채울 수가 없다. 한 마리의 짐승이나 한 포기의 풀꽃과 다름이 없는 존재이기 때문이다. 나로 하여금 내가 되게 하는 존재 구실 요소가 바로 거기에 있다. 데카르트가 "생각하기 때문에 내가 있다"고 말한 것도 바로 여기에서 성립되는 이야기다. 넓은 대양도 가없는 창공도 모두가 내 사고의 대상이 되었을 때에만 존재하며 그 뜻을 가질 수 있다.

그뿐만 아니라 나는 나를 둘러싸고 있는 존재 세계를 생각하는 동시에 나 자신까지도 반성, 의식, 자각하는 존재이다. 내가 나의 나됨을 묻고 대답하며 나의 과거와 운명을 더듬어보기도 한다. 그런 점에서 의식 작용을 지속시키고 있는 나, 무엇인가를 생각하고 있는 나는 위대하면서 절대인 것이다. 확실히 나를 생각할 수 없는 우주보다는 우주를 생각하고 있는 내가 더 존귀할지 모른다.

그러나 내 의식, 사고라는 것은 도대체 무엇인가? 지극히 작은 조건 때문에 사색의 실마리를 잃어버리며 아무것도 아닌 우연한 사실 때문에 생각은 중단된다. 모기 한 마리가 뺨을 쏘아붙였기 때문에 위대한 천재의 사고가 중단되며 파리 한 마리의 장난이 훌륭한 철학자의 사색을 흐려놓기도 한다. 대뇌층에 생기는 좁쌀 같은 물질이 우수한 시인을 정신병자로 만들기도 하며, 내장에 자라는 암이 세계와 인류의 지도자를 하루아침에 빼앗아가기도 한다.

그러나 그뿐만은 아니다. 내가 가진 지극히 작은 의식을, 나를 둘러싼 무의식의 세계나 우주에 비한다면 그것이 도대체 무엇이란 말인가? 마치 내 의식은 태평양 바다라는 무의식 위에 잠시 떠올랐다가 사라져버리는 물거품 하나에 지나지 않는 것이 아닌가. 지금까지 역사에 나타났던 모든 지혜를 합친다 해도 그 남겨주는 바가 무엇인가? 그것은 마치 바닷가 모래밭에 우물을 파놓고 이성 혹은 의식이라는 조개껍데기로 바닷물을 우물 속에 날라다 넣고 있는 어린 애들의 장난 같은 것이 아닐까. 장년기의 지혜를 지닌 사람들은 누구도 그 우물 속에 바닷물을 다 퍼 넣으리라고는 생각조차 않는다.

우리는 자신들의 의식이나 이성을 가장 귀한 것으로 믿고 있다.

그것은 마치 무의식이라는 암흑을 밝히는 오직 하나의 빛과도 같은 존재이기 때문이다. 그러나 이렇게 고귀한 내 의식이 무한의 암흑에 대하여 무슨 소용이 있으며 어떤 작용을 한다는 것인가. 그것은 마치 백두산 모퉁이를 날고 있는 한 마리 반딧불이가 그 산 전체를 밝혀보리라고 생각하는 것보다도 더 어리석으며 불가능한 일이 아닐까. 그러므로 영웅호걸이 간 뒤에 자취가 없는 것같이 학자, 예술가가 자취를 감춘 뒤에도 남는 것이 없기는 매한가지가 아닌가! 우리는 역사를 백 년, 천 년의 단위에서 계산해보고 있다. 그러나 그것이 만 년, 십만 년의 단위가 된다면 무엇이 남을 것인가. 하물며 지구와 인류의 종말까지도 생각해본다면 모든 것은 너무나 엄청난 차질을 가져오는 것이 아닐까?

그러나 어쨌든 내가 있다는 사실은 부정할 수가 없다. 무한의 우주 속에 할딱이는 육체, 끝없는 시간 위의 한순간을 차지하고 있는 내 생명, 가없는 암흑을 상대로 곧 소멸되어버릴 한 찰나의 가느다란 불티 같은 내 의식, 이것이 나이다. 내가 이 세계 안에 있다는 것은 바로 이러한 현실 이외의 아무것도 아니다.

만일 내가 없어진다면?

그러나 있는 것은 없어지게 마련이며, 처음이 있는 것은 마지막이 있게 되어 있다. 옛날에는 이 지구에도 파충류 전성시대가 있었다고 한다. 그러던 것이 오늘은 인류의 전성기로 변한 것이다. 인류에게도 처음이 있었기 때문에 마지막은 오게 마련이며 우리가 튼튼히 믿고 있는 지구 자체의 마지막도 언젠가는 있을 것이 아닌가.

그러나 이렇게 남의 일같이 생각할 필요는 없다. 이런 생각을 하는 나 자신의 마지막도 올 것이다. 있었던 것이기 때문에 없어지게 마련이며 무로부터 왔기 때문에 무로 돌아가고야 말 운명을 지니고 있다.

그때가 온다면, 만일 내가 없어지게 된다면 어떻게 되는가?

알 수 없는 일이다. 측근자들이 슬픔을 나누다가 잊어버리게 될 것이며, 그들 또한 없어지고 말면 그저 그뿐일 것이다. 손톱 끝에 가시가 하나 박혀도 아프다고 야단하던 육체는 고스란히 흙으로 돌아가고 말 것이며, 1분이라도 연장해보려 애쓰던 시간은 무진장으로 남아 있는데 내가 차지했던 순간 같은 시간은 자꾸만 멀고 먼 과거로 흘러가 종적조차 없어지고 만다. 행복이니 불행이니 야단하며 사랑과 실두를 가지고 애태우던 자취는 완전히 찾아볼 길이 없어지고 만다. 가을 나뭇잎이 머물다가 날아가버린 황야보다도 적적해지고 말 것이다.

무 속에서 유를 찾아도 할 수 없는 일이지만 유 속에서 무를 불러도 반응이 있을 리 없다. 그것은 양이 아니고 질의 차이이기 때문이다. 그것은 마치 죽은 시체에게 질문을 던지는 것과 같이 어리석은 일이다.

그러나 이러한 종말, 없어짐의 때는 내게도 오고야 만다. 유의 위치에서는 아무리 생각하고 떠들어대도 알 길이 없는 무, 전 인류의 용기와 지혜를 묶어놓는대도 저쪽을 추측조차 할 수 없는 무의 세계가 곧 찾아오게 마련이다.

아무리 애써도 할 수 없는 일이며 돌아앉아도 안 볼 수 없는 사실임을 어찌하랴. 마치 두 손을 벌려 죽음과 무라는 공기를 저쪽으로 떠밀어보지만 그 공기는 온통 나를 둘러싸고 있는 것과 같음을 어이하랴.

이러한 무 앞에서 지금 곧 사라지려 하는 나라는 유를 붙들며 잃지 않으려고 애쓰는 나 자신의 모습을 상상해보라. 그보다 더 서글픈, 그보다 더 애절한, 그보다 더 처참한 운명이 어디 있는가!

우리는 이러한 무한 앞에서는 공포를 느낀다는 파스칼의 말도, 인간의 본질은 절망이라는 키르케고르의 해설도, 인간 그 자체가 하나의 모순이며 부조리라는 카뮈의 표현도 족히 짐작할 수가 있다. 게다가 이러한 운명적 존재로 던짐을 받은 것은 내 책임이나 내 자유로운 선택도 아니었다는 점을 더한다면 모든 생각은 점점 더 이상해지기만 한다.

그러나 이러한 생각을 연장하고 있는 동안에도 나는 시간이라는, 뒤로 돌아설 수 없는 궤도를 걸어가고 있다. 무라는 낭떠러지가 앞에 놓여 있다는 걸 잘 알면서도 그 길을 걷고 있는 것이다. 단지 위안이 되는 것은 무지라는 짙은 안개가 바로 내 발끝까지 밀려와 있기 때문에 '행여나'를 거듭하면서 죽음, 무의 벼랑을 향하여 걸어가고 있다는 것뿐이다.

우리 각자가 나 자신을 이러한 위치에 놓았을 때, 무에서 무로 향하는 틈바구니의 유라는 순간임을 자각했을 때, 무의 대공 속에 떠있는 한 마리 부유로서의 자신을 발견했을 때, 그때에도 허무주의자들을 철없는 사람들이라고 비웃을 수 있을까?

그때에도 종교인들을 어리석은 인간이라고 조소할 수가 있을까?

교만의 유혹

교회에서 서신이 왔다. 지난주일 예배에 참석하지 못했기 때문에, 교회 소식이 담긴 주보를 보내준 것이다.

교회 이름만 보고 봉투를 뜯곤 했는데 오늘은 피봉에 적힌 내 이름을 들여다보았다. 김형석 성도聖徒님이라고 적혀 있었다. 성도라는 글을 보고 새삼 의아해졌다. 나는 성도도 아니고 성도라는 생각을 해본 적도 없는데…. 그저 한 사람의 인간일 뿐이며 그것도 교회에 가면 부족하고 죄스러움이 많은 부끄러운 인간일 뿐인데. 먼 후일에도 성도가 될 자신이 없는데.

어째서 아무런 사려나 비판도 없이 성도라는 칭호를 쓰게 되었을까. 누가 옆에 있다가 '당신 성도요?' 하고 물을 것 같아 송구스럽기도 했다. 교회에 다닌다고 해서 모두가 성도가 되는 것은 아니다. 솔직히 말하면 목사나 장로가 되었다고 해서 성도가 되는 것도 아니다.

사실 나는 많은 친구 목사도 있고, 장로가 된 학교 동창들도 여럿 있다. 그러나 목사나 장로는 교회의 직책이지 그 직책 때문에 성도가 되는 것은 아니다. 성도가 되었다거나 될 수 있다면 얼마나 감사하겠는가. 그러나 나에게는 그 가능성은 없다고 생각한다. 교회에 적을 두고 출석하기 때문에 그저 김형석 교우教友라고 했다면 받아들일 수 있겠다. 물론 성도가 될 수 있다면 하는 기대와 소원은 갖고 있을지 모른다. 그러나 나같이 세상적인 삶에 많은 시간과 관심을 쏟고 사는 처지라면 내가 성도가 될 수 있다는 자신은 죽을 때까지 가져보지 못할 것이다.

그런데도 교회는 어떻게 거리낌도 없이 성도라는 개념을 쉽게 도입할 수 있었을까.

교회에 나오기 때문에 세속인과는 달리 신앙인답게 살아야 한다는 권고일지 모른다. 지금까지는 세상적인 사고와 가치관·인생관을 갖고 살았으나 이제부터는 예수님의 뜻과 가르침에 따라 살아야 한다는 의무감 같은 것을 깨닫게 해주는 호칭으로 볼 수도 있겠다.

그러나 세상 사람들이 우리끼리 서로 성도라고 부르는 것을 본다면 거리낌이나 거부감 같은 무엇을 느끼지는 않을까. '너희들이 성도라면 우리는 무엇이란 말이냐?' 하고 묻는다면 무엇이라고 대답하며 설명할 수 있을까. '우리는 속된 사람이거나 죄인이란 말이냐?' 따진다면 어떤 대답을 할 수 있을까. 생각하면 부끄럽고 창피

남아 있는 시간을 위하여

스러운 일이다. 우리가 존경하고 우러러보는 사람들이 교회 밖에 얼마든지 있는데. 오히려 교회 안보다 밖에 학자다운 학자, 예술가다운 예술가, 존경스러운 기업인, 감사하고 싶은 양심인들이 더 많다는 현실을 알면서 우리들만이 성도라는 호칭을 쉽게 사용할 수 있겠는가.

왜 그렇게 되었을까.

종교적 신앙을 가진 사람들의 우월감이 자만심으로 번진 것이 아닐까. 나는 종교를 갖고 있기 때문에 종교가 없는 사람보다는 높으며, 내가 갖는 신앙은 절대적이기 때문에 누구에게도 양보하거나 뒤질 수 없다는 교만과 자부심이 잠재적인 뿌리가 되어 있는 것이 아니었을까.

그래서 한때는 종교적 지도자들이 성직자로 불리었고 성직자들 중에서는 성자가 되려는 염원을 갖고 있었던 것이 사실이다. 지금도 천주교에서는 성자聖者 칭호가 있고 개신교에서도 순교자는 성자와 통하는 의미를 갖는 것으로 여기고 있다.

그러나 생각을 정리해보면 다른 사람을 성자라고 보거나 부를 수는 있어도 내가 나를 성자라고 생각하거나 내세우는 사람은 없을 것이다. 그것은 위선자이거나 자기기만에 빠진 신앙 이하의 인물인 것이다. 말하자면 신앙 안에는 교만심이나 자만심은 머물 곳이 없다는 뜻이다. 프란체스코는 예수에게서 배우고 따라야 할 미덕 중 첫째가 되는 것은 무엇이냐는 질문을 받고 '온유와 겸손'이라고 대답했다. 그 다음가는 것은 무엇이냐고 물었을 때에도 '온유와 겸손'이라고 했다. 세 번째는 무엇인가고 물었을 때도 같은 대답을 했다. 그것은 그가 깊은 신앙에 머물기 때문이라는 사실을 말해주는 것이 아니었을까. 그래서 천주교에서는 그를 성자라고 불렀을 것 같다. 그러나 그 자신은 스스로를 결코 성자라고 생각했을 리도 없고, 누가 그렇게 불렀다면 죄를 회개하고 싶은 심정이었을 것이다. 그는 교만은 가장 위험한 악마의 유혹이라고 믿고 있었다.

지금 우리 크리스천의 일부는 그와 같은 유혹에 빠져 있는 것 같다. 나 자신을 포함해서. 그것이 바로 악의 유혹이며 시험인 것이다. 교만은 독선을 낳고 독선은 이웃에 대한 배타와 멸시를 초래한다. 그것이 바로 악(악마)의 유혹인 것이다. 우리 모두가 그렇게 될 가능성을 안고 있다. 예수께서 항상 경고해준 교훈이 그런 것이었다. 그래서 예수는 스스로를 ('성도'가 아닌) '사람의 아들'이라고 불렀을지 모른다. 인류란 모두가 사람의 아들(딸)들이다. 그 밖의 다른 특별한 사람은 없기 때문이다.

2007년 여름, 우리는 탈레반에 납치된 인질사건으로 아픈 시련을 겪었다. 23명 피랍자의 문제였고, 그들을 보낸 교단의 책임이었고, 한국 개신교의 자성을 촉구하는 사건이 되었다. 그리고 국제적 파문 또한 적지 않았다.

영국의 한 과학자는 탈레반은 세계에서 가장 사악한 집단이며, 한국 선교단체는 대단히 지혜롭지 못한 처신을 했다고 평했다. 어

남아 있는 시간을 위하여

리석은 잘못을 저질렀다는 것이다. 그런데 이 사건 배후에는 잘못된 신앙이 작용하고 있었다고 지적했다. 탈레반은 정상적인 공동체, 즉 탈 이슬람적인 단체였다면 그런 악행을 안 했을 것이며, 피랍된 인질과 그들을 파송한 사람들이 보수적인 기독교 신앙을 가진 사람들이 아니었다면 벌어지지 않았을 사건이었다는 것이다.

세상 사람들의 지탄을 받는 과오의 원인은 종교적 독선과 신앙적 자만심에 있었던 것이다. 그리고 앞으로도 그런 불행은 계속될 수 있으므로 깊은 반성과 뉘우침이 있어야 한다는 공감대가 형성되고 있는 것이다.

내가 믿는 종교적 신앙이 최고라고 해서 이웃 사람이나 국민들의 문화와 전통을 경시하거나 죄악시하는 것은 스스로의 무지와 인간적 범악犯惡에 속한다는 사실을 알아야 한다.

한때 일부 개신교 지도자들은 제사를 드리는 것은 우상숭배와 통한다며 죄악시한 일이 있었다. 그러나 인간이면 누구나 가지고 있으며 가져야 할 조상들에 대한 그리움과 존경심까지 나쁜 것은 아니다. 제사보다 더 좋은 전통과 높은 뜻을 줄 수 있기 때문에 기독교 신앙의 의미가 있는 것이다. 다른 종교나 비기독교의 문화와 전통 그 자체가 버림받거나 죄악시되어서는 안 된다. 더 소망스러운 것을 줄 수 있어 그들이 행복하고 자유로운 삶을 누릴 수 있도록 돕는 것이 귀한 것이다.

그래서 대개의 경우에는 교리적인 선교보다는 인륜人倫적인 진리가 귀하며 내가 믿는 신앙을 위해 교회를 세우는 것보다는 의료

혜택이나 교육보급을 택하는 것이 소망스러운 때가 많다.

교회를 수십 개 세우는 것 못지않게 이화여자대학을 창설해 여성 교육에 이바지해온 결과가 더 크지 않았는가. 많은 예배당을 건축한 것보다는 세브란스 병원을 통해 전달된 기독교의 정신이 값진 열매가 아니었는가 싶다.

그리고 무엇보다도 소중한 것은 내가 믿는 종교적 신앙 때문에 모든 사람이 믿고 따르는 사회의 선한 질서를 배척하거나 무시해서는 안 된다는 점이다. 선한 질서는 인간적 이성과 양심의 공동체적 산물이기 때문에 어떤 종교적 신앙보다도 귀한 것이다. 정직한 세상 사람이 거짓말하는 종교인보다 대우를 받아야 한다. 정의와 선을 위해 노력하는 세상 사람들이 선입관념이나 고정된 교리의 노예가 된 신앙인들보다 귀한 법이다. 교만스러운 신앙인이 버림받고 겸손한 사회인들이 존경받는 것이 인간의 도리가 아닌가.

그래도 종교적 신앙이 필요한 것은 종교가 선한 질서를 창출하고 육성해가며 그 선한 질서의 바른 목표와 방향을 제시해줄 수 있는 까닭이다. 우리가 믿고 따르는 종교와 신앙을 위해 바치는 시간, 노력, 재정을 과학과 도덕을 위해 제공했을 때 더 많은 사람이 인간답게 살 수 있다면 종교계는 많은 것을 과학과 도덕에 양보해도 좋을 것이다.

바로 그것이 예수의 정신이었고 기독교의 존재 이유인 것이다. 특히 우리의 신앙과 같지 않으면 안 된다는 신앙적 근본주의, 교리적 보수주의에 속해 있는 지도자들과 교단 또는 공동체의 자성을 요청하는 이유가 여기에 있다. 우리들 자신이라고 해서 예외일 수는 없다. 모든 종교적 신앙은 인류에 희망을 줄 수 있을 때 그 존재 의미와 가치가 인정받는 것이다.

어울리지 않는 계산

큰 포도밭을 가진 한 부자가 있었다. 그는 아침 일찍 일거리를 구하고 있는 사람들을 만나, 자기 포도밭에서 일하라고 말했다. 넉넉한 품삯인 5만 원을 주기로 약속했다.

9시쯤 길가로 나갔다가 일거리를 찾지 못해 애쓰는 몇 사람을 보고, 당신들도 내 포도밭에 가서 일하라고 말했다. 12시와 오후 3시에도 같은 일거리를 주었다. 그러다가 늦은 시간에 길가로 나섰다가 그때까지 일거리를 찾지 못해 애쓰는 사람을 보았다. 빈손으로 돌아가면 그의 가족들이 얼마나 실망할 것인가 하는 생각이 들어, 당신도 내 포도밭에 가서 일하라고 말했다.

1시간쯤이 지났다. 주인은 품삯을 지불하기 위해 포도밭으로 갔다. 종을 시켜 가장 늦게 온 사람에게 5만 원을 주고, 3시, 12시에 온

남아 있는 시간을 위하여

사람의 순서로 품삯을 주는 것이었다. 모두에게 5만 원씩을 주었다.

아침 일찍부터 왔던 일꾼은, 1시간 내지 3시간씩 일한 사람도 5만 원을 받으니, 나는 훨씬 많이 받을 것이라고 기대하면서 자기 차례를 기다렸다. 그런데 주인은 그에게도 5만 원을 주는 것이 아닌가! 그는 항의했다. 1시간 일한 사람과 종일 더위에 애를 쓴 사람이 똑같이 받을 수 있겠느냐는 것이었다.

그러나 주인은, "나와의 약속이 5만 원으로 되어 있었고, 또 그 돈이면 충분한 품삯이 아니냐? 다른 사람들에게는 내가 그들의 어려움을 돕기 위해 사랑을 베푼 것이다. 그들이 적은 돈을 갖고 돌아가면 그 가족들은 어떻게 되겠느냐? 내가 한 일에 잘못은 없는 것이다. 그리고 나중 사람이 처음보다 앞서는 일은 있을 수 있는 법이다"라고 말했다.

마태복음 20장에 나오는 예수의 비유 중 하나이다.

영국이 산업혁명 후 노사분규 등으로 혼란을 겪고 있을 때, 존 러스킨이 이 성경을 읽었다. 그리고 《나중에 온 이 사람에게도》라는 저서를 남겼다.

후일에 인도의 간디가 그 책을 통해 사회경제의 새로운 방향을 암시받고 감명을 느낀 일이 있었다.

지금과 같이 경제·사회적 시련기를 겪고 있는 우리들로서도 이 예수의 교훈을 통해 어떤 신앙적 지시를 받고 싶은 마음이 간절하다.

이 이야기는 자본주의 경제 체제를 부정하려는 뜻으로는 볼 수 없다. 본래부터 예수는 많은 사람이 피해를 입을 수 있는 급진적 사회개혁을 원한 분은 아니었다. 카이사르의 것과 하나님의 것을 구별하여 하나님의 뜻이 카이사르의 것을 지배, 좌우할 수 있는 역사가 전개되면 서서히 역사는 정당하고 바른 궤도로 옮아갈 수 있기 때문이다. 문제가 되는 것은 도덕적 가치의 오류나 신앙적 평가를 잘못 가르치는 일이나, 인격적 파멸을 촉구하는 정신적 죄악이다. 이런 문제에 대해서 예수는 용서할 수 없는 책망을 가했던 것이다.

예수께서 자본주의적 경제 체제가 아닌 다른 체제 속에 살았다고 해도 어떤 급진적인 개혁을 강요하지는 않았을 것이다. 사람들이 찾아야 하며 누려야 할 정신적 가치와 의의를 소유하게 되면 경제, 정치 등의 피상적 문제들은 서서히 피해 없이 진행될 것이라는 생각이 예수의 뜻이었던 것 같다.

그러면 예수의 교훈은 무엇을 뜻하는가.

사람은 누구나 열심히 일을 해야 하고, 또 일을 할 수 있는 여건이 형성되어야 한다. 기독교는 일을 사랑하는 신앙을 가르쳐왔다. 게으름은 악이며 모든 범죄의 원인이 된다. 그러므로 인간은 누구나 열심히 일하지 않으면 안 된다. 안식일 개념도 그렇다. 6일간은 즐거이 정성을 다해 일하고, 하루는 기쁜 안식을 취하라는 것이 구약 때부터의 교훈이다.

인간은 즐기고 싶은 본능적 심정을 갖고 있다. 즐긴다는 것은 논다는 것과 통한다. 그래서 어떻게 편하게 놀면서 일생을 보낼 수 있을까 하는 잘못된 인생관을 가진 사람들이 많았다. 우리 선조들도 예외는 아니었던 것 같다. 그러나 인간은 누구나 일을 사랑하고 열심히 일할 때 건강해지며, 유능해지고 성공과 영광을 누릴 수 있다. 이 모든 것들은 일의 대가로 주어지는 것이다.

이와 같이 기독교는 근로정신을 소중히 여기는 종교이기 때문에 그 뜻을 올바로 받아들인 사회는 경제적 발전을 조속히 이루었다. 구태여 막스 베버 같은 학자의 의견을 빌릴 필요가 없다.

나는 평양 부근 농촌에서 자랐다. 우리 마을에는 일찍부터 장로교회가 있었다. 그래서 교육과 근로정신이 어렸을 때부터 강조되어 왔다. 지금 생각해보면 그 당시 서울 근교의 시골에 비해 교육과 경제 수준이 2, 3배는 높지 않았을까 추측된다. 마을에는 사립 초등학교가 있었고, 채소·과일·벼농사의 개선 등은 지금의 서울 주변과 큰 차이가 없었던 것으로 짐작하고 있다.

포도밭 주인이 다섯 차례에 걸쳐 일꾼을 밭으로 보냈다는 사실은, 사람은 일을 할 수 있고 또 일을 해야 경제적 기본 조건을 갖출 수 있다는 사실을 암시해주고 있다.

우리는 둥근 삼각형을 생각할 수 없듯이 게으른 그리스도인은 상상할 수 없는 사회를 만들어야 하겠다. 일은 인간에게 주어진 특권이며, 또 우리 모두에게 주어진 축복의 조건인 것이다. 만일 교회 생활에 붙잡혀 일을 못했다든지 중·고등학교 학생들이 교회 봉사에 치우쳐 마땅히 받아야 할 성적을 얻지 못하는 사례가 생긴다면, 교회는 근면과 생산적인 일의 존귀성을 강조해야 할 것이다. 일을 사랑하는 일 자체가 그리스도인다운 생활의 조건인 것이다.

물론 가난한 사람들은 돈과 수입을 위해서 일하는 것이 보통이다. 그렇다고 해서 돈과 수입이 안정된 사람은 놀아도 된다는 생각은 용납될 수 없다. 오히려 그 사람들은 일이 귀하기 때문에 일을 할 수 있어야 하고, 돈을 쓰면서라도 필요한 일을 할 수 있을 때 진정 값있는 삶을 살게 된다.

기독교의 기업이나 경제 윤리는 간단하다. '열심히 일하고 부지런히 노력해서 경제적 부를 쌓으라. 그러나 그것은 너와 네 가정을 위해 필요한 것이 아니라, 가난한 이웃과 사회에 도움을 주기 위한 것이다'라는 이론이다. 그렇게 일하는 개인과 기업이 될 수 있을 때, 우리는 가난한 사람과 게으른 사람이 없는 행복한 사회를 만들게 된다. 그래서 예수는 보수에 대한 관념보다도 일에의 의무를 강조한 것이다.

그러나 중요한 점은 다음에 있다. 오후 5시에 와서 일한 사람은 1시간밖에는 일하지 않았다. 12시에 온 사람은 6시간을 일했다. 아침 일찍 제 시간부터 일한 사람은 10시간이 걸린 셈이다.

그런데 주인은 똑같은 보수를 준 것이다. 처음부터 일한 사람이 불공평을 얘기할 수가 있다. 같은 보수를 받고 10배에 가까운 일을 했기 때문이다. 그러나 주인의 생각과 판단에는 잘못이 없었다. 하루 품삯이 5만 원 정도면 자타가 인정하는 충분한 보수였고, 또 그렇게 약속을 했고 그 약속을 이행했기 때문이다.

늦게 온 사람들에게는 주인이 자비를 베푼 것뿐이다. 그들도 많은 가족이 있고, 적당한 돈을 가지고 들어가지 못하면 온 가족이 굶주림과 슬픔에서 벗어날 길이 없다. 또 그들도 조건이 허락되었다면 아침 이른 시간부터 포도밭에서 일할 수 있었을 것이다. 그 잘못은 그들 개인보다도 사회적 여건에 있었던 것이다.

왜 예수는 이런 경제관을 가르쳐주었는가. 두 가지 기본 원리와 질서 때문이다. 일을 한 사람은 누구나 그 가족들과 함께 식생활에 부족함이 없는 여건을 이룰 수 있어야 하며, 사회는 그러한 경제 질서를 확립해야 한다.

이 가르침은 개인 소유를 목적으로 삼는 자본주의 체제에 대한 수정과 개선을 뜻한다. 자본주의 체제에 대한 시비가 아니라, 개인의 소유 체제가 기여 체제로 바뀌어야 하며, 가난한 사람을 제쳐두고 나만이 많은 재산을 소유하며 또 그 재력을 즐길 수 있다는 생각은 개혁되어야 한다. 우리는 개인의 소유를 목표로 삼는 자본주의 경제 체제가 많은 문제를 안고 있다는 것을 잘 알고 있다. 그 때문에 공산주의가 강세를 얻게 되었다는 사실만 보더라도 족히 짐작할 수가 있다.

그래서 영국을 비롯하여 공산 세계와 대치하고 있는 사회들은 경제적 보수의 균등한 혜택을 위한 복지 제도를 택하고 있으며, 자본주의 사회들도 개인의 소유 체제를 사회적 기여 체제로 개편해가고 있다. 다시 말하면 가난한 국민이 없고, 경제적 혜택이 고르게 베풀어질 수 있어야 경제의 발전도 속히 이루어질 수 있다는 것이 현대 경제의 원칙으로 되어 있다.

이러한 원리는 무엇을 뜻하는가. 경제 사회에 있어서도 정의의 질서 위에 사랑의 질서가 수립되어야 한다는 원칙인 것이다. 흔히 법률·정치·경제에서는 공정의 원칙이 지켜져야 한다는 것이 상식으로 되어 있다. 물론 그렇다. 그러나 그 공정성은 실현되어야 하면서도 인간적 박애정신과 어려운 사람을 도우려고 하는 봉사정신은 반드시 필요한 것이다. 또 그 뜻이 이루어지는 사회 질서의 육성이 기독교의 의무이며 사명이기도 하다.

오히려 예수의 비유에서는 마지막에 온 사람에게 먼저 노임을 지불했으며, 그것이 주인의 뜻이라고 말했다. 말하자면 가난하고 헐벗은 이웃을 먼저 생각하고 우선적으로 돕는 정책을 수립하는 것이 옳다는 뜻이기도 하다.

그것은 경제 정책이나 국가 경제를 운영하는 사람에게도 마찬가지 순서가 아닐 수 없다. 우리는 수십 년 전에 150억 이상을 들여 국회의사당을 신축했다. 그 당시 그 돈은 대단히 큰 것이었다. 그런데 어느 국회의원도 병원이나 학교를 먼저 지어주고, 기다렸다가 국회의사당을 짓고 요청한 사람이 없었다. 그 속에는 많은 그리스도인과 불교 신도들이 있었음에도 불구하고. 바로 이런 사고방식이 잘못되었다는 것이다.

앞으로도 그런 의식구조를 고치지 못하는 사람은 얼마든지 있을 것 같다. 하물며 국민들의 가난은 외면한 채 예배당 짓기에 열중하는 교회 지도자가 있다면 더 깊이 반성해야 할 문제이다.

우리는 경제 문제가 개인이나 사회생활의 전부라고는 생각지 않는다. 그러나 경제 문제가 잘못되면 다른 모든 문제가 병들게 된다. 그래서 기독교는 직접 사회경제 문제를 해결 짓기 위해 뛰어들지는 않아도 그 선한 해결과 성장을 위해서 언제나 새로운 방향과 이상을 제시해주어야 한다.

특히 고아원이나 양로원 같은 사회사업에 열중하면서 사회경제 전체의 진로나 국민경제의 기본적인 방향을 그르치는 과오를 범하는 교회가 되어서는 안 된다. 개인은 이웃을 돕고 교회는 사회를 이끌어가는 책임을 감당치 않으면 안 된다.

이러한 여러 가지 경제 문제들을 생각해보면서 우리는 예수의 이 짧은 교훈이 오늘날 우리에게 무엇을 가르치며 요청하는가를 깊이 유념해야 할 것이다. 기독교는 사회에 돈을 주기 위해 있는 것은 아니나, 선한 경제적 질서와 교훈은 반드시 주어야 하기 때문이다.

정의냐 사랑이냐

박정희 대통령이 시해되고 얼마 안 되었을 때의 일이다. 동향이면서 동창인 H 목사와 K 교수의 대화에 참여하게 되었다.

K: 목사님이야 우리와 다른 느낌일지 모르지만 나는 요사이는 우울했던 분위기에서 해방된 기분입니다. 내가 반정부 운동에 앞장선다고 해서 해임시켰던 L 총장이 얼마 전 세상을 떠났고, 민주주의를 말살시키려던 박통까지 사라지고 나니까 세상이 좀 밝아지는데요. L 총장은 장관직을 맡고 유정회 국회의원이 될 때부터 이미 대학이나 민주주의를 위해서는 동행할 수 없는 사람이라고 결론 내리고 있어서요.

H: 김 교수의 의견에도 일리는 있지만 왜 그런지 죽음의 사건을

남아 있는 시간을 위하여

접하고 나니까 측은하고 안됐다는 생각이 드네요.

K: 그것은 인간적인 공감이고 더 큰 교육과 민족의 장래를 위해서는 정의로운 심판이랄까, 역사에는 있어야 할 것은 있어야합니다. 그것이 하나님의 존재 의미이기도 하구요.

H: 그래도 지금 벌어지고 있는 일련의 사태들이 제3자의 사건들이니까 그렇지 그 불행이 내 가족이나 친구의 일이었다고 생각하면 그렇게 잘됐다고만 생각할 수는 없지요. "하나님께서 좀더 기다리고 참아주십시오!"라고 기도하게 될지도 모르지요.

K: 그래서 목사들의 생각이 좁다는 것입니다. 그 사람들이 그 일을 계속하는 동안 교육계와 학생들이 받는 피해가 얼마나 큰지 아세요? 박통도 그대로 살아 있었다면 4·19보다도 더 많은 희생자를 냈을지 모릅니다. 차지철 같은 사람은 박통 한 사람을 위해 수많은 국민들을 희생시킬 수도 있는 인물입니다.

H: 거야 그렇지요. 그러나 비극적인 희생은 모면할 수 없었을까 싶은 생각은 우리 모두의 것이 아니겠어요? 정의와 벌이라는 차원에만 붙잡히지 말고 사랑과 용서라는 질서도 공존해야 하는 것이라고 볼 수도 있지요….

K: 목사님 말씀이 옳아요. 그렇게 생각하는 사람도 있어야 하고 또 많을수록 좋지요. 얼마 전 신문을 보니까 사형폐지를 위한 운동에 앞장서기도 하셨던데요. 언젠가는 사형 집행과 제도가 없어지기를 바라는 것은 우리 모두의 염원입니다. 그러나 그런 사람들이 사형을 받지 않을 테니까 더 복수를 한다든지 자기

욕망을 채우기 위해 범죄를 한다면 사형 제도를 폐지했기 때문에 발생하는 희생자들에 대한 책임은 누가 지는 것입니까. 스위스나 노르웨이 같은 사회라면 모르지만 아직 우리나라에서는 시기상조가 아닌가 하는 의구심이 남아 있는 것이지요.

H: 나 같은 종교인의 입장에서 본다면 정의와 처벌로 세상이 다 되는 것은 아니지요. 정의 위에서 정의를 완성시키는 사랑의 질서가 있어야 합니다. 구태여 기독교적인 은총의 질서까지는 논하지 않는다고 해도.

K: 정의와 사랑은 공존해야지요. 그러나 기독교가 말하는 사랑의 왕국에 들어가기 위해서는 정의의 문과 현관을 통과하지 않고는 안 됩니다. 나는 예수 같은 분이 왜 헤롯 왕을 여우 같은 놈이라고 책망했는지 이해할 것 같아요. 석가님 같으면 그런 표현은 안 썼을지 모릅니다. 넓은 자비심이 제일이며 전부라고 가르치셨으니까요. 그 대신 석가님은 정의를 위한 인간적 의무와 책임을 소홀히 하지 않았어요? 그러나 예수님은 우리와 같은 인간적 책임과 사명을 외면할 수가 없었어요. 정의를 위한 투쟁과 노력이 없이는 인간 사회는 존립할 수가 없지 않습니까. 예수께서 십자가를 자진해서 택했다는 것은 정의를 완성시키는 사랑의 승리라고 나는 생각합니다. 헤롯 왕은 정의의 대표자인 세례자 요한을 죽였고 자신과 가문의 영예를 위해서는 로마의 권력과 유대인의 종교적 신앙을 교묘히 이용한 여우 같은 성격을 지닌 사람이었고 그의 악행은 더 계속되겠기에, 그

리고 그런 인물을 뒤따르면 사회가 병들겠으므로 여우라는 표현까지 쓰지 않았을까요.

H: K 교수의 이야기를 들으니까 독일의 젊은 신학자 본회퍼가 생각납니다. 그는 히틀러를 트럭을 몰고 질주하면서 많은 시민들을 죽이거나 부상시키는 정신병자로 보았던 모양입니다. 그런데 크리스천들은 그에게도 사랑을 베풀어야 한다고 바라보고만 있지 그 정신병자를 트럭에서 끌어내려 더 많은 사람들의 안전을 지켜줄 생각은 못하고 있다는 견해였던 것 같습니다. 그가 히틀러 제거 운동에 가담했다가 체포되고 사형을 당한 것은 양심적인 애국자로서의 선택이었습니다. 그러나 일부 성직자들은 그러나 목사가 어떻게 암살음모에 가담할 수 있었을까는 의아하게 생각합니다. 제2, 제3의 방법도 있었을 텐데….

K: 물론 성직자는 선택받은 사람입니다. 따라서 그 수는 지극히 적습니다. 그러나 성직자가 아닌 사람은 절대 다수입니다. 그 다수가 믿는 정의는 현재에 있어서는 진실이고 진리입니다. 모든 것은 거기서부터 출발해야 합니다. 사람은 더 좋은 미래를 위해서라도 현재의 의무를 포기해서는 안 됩니다. 정신병자인 트럭 운전사 히틀러를 끌어내리지 못했기 때문에 6백만 명의 유대인이 학살당했고 인류가 비참해졌는데 그래도 살인을 도모할 수는 없다는 것이 성직자의 판단이라면 오늘 여기서 벌어지는 헤아릴 수 없는 비극은 누가 책임을 지는 것입니까. 나는

예수께서 자신을 하나님의 아들이라고 부르지 않고 사람의 아들이라고 부른 것은 하나님을 위해서보다는 더 많은 사람을 위해서 왔다는 뜻으로 보고 있습니다. 사람은 누구나 악을 멀리하고 선을 이루려는 뜻을 갖고 있습니다. 그 악을 배제하는 일을 소홀히 여기는 사람은 선한 세상을 만들 자격이 없고요.

H: 나도 솔직히 말해서 목사가 아니라면 K 교수에 공감합니다. 한 인간으로서 말입니다. 그러나 목사의 위치에서 본다면 불의와 악을 방치하자는 뜻에서가 아니라 선으로 가는 방법에서 다른 길도 찾아야 한다는 임무를 띠고 있습니다. 악과 죄는 벌을 받아야 하지만 그 사람에게는 사랑을 베풀 가능성을 포기하지는 말자는 의무가 있어야 한다고 봅니다. 물론 죄와 사람을 어떻게 구별할 수 있는가도 문제이고, 벌은 사람이 받는 것이지 악 자체가 받는 법은 없지만 말입니다.

K: 물론 목사님 말씀을 인정합니다. 사람은 다 같은 생각을 갖고 살 수는 없습니다. 목사님이나 스님 같은 분들까지도 정치인이나 법관과 똑같은 생각을 갖는다면 성직자가 필요 없는 세상이 되겠지요. 나 같은 교수들은 정의의 편에 서서 비판도 하고 욕도 하면서 살도록 되어 있고요. 목사님 같은 이들은 그래도 용서하고 구원할 수 있는 사랑의 길을 찾아보자는 노력을 계속해야 하지 않겠어요. 그 둘 다 하나님의 뜻이라고 생각합니다. 나는 한 가지 물어본 일이 있습니다. 만일 본회퍼 같은 목사가 '하나님, 저는 히틀러를 죽여야 하겠습니다. 그가 죽지 않으면

수많은 백성들이 살아남을 수 없겠기 때문입니다. 그러나 히틀러 대신 제가 희생되어 피해자가 생기지 않을 수 있다면 저는 직접 히틀러를 죽이고 싶지 않습니다. 성직자가 살인을 범할 수는 없지 않습니까. 목사가 살인을 했다는 모순을 저지르고 싶지는 않습니다. 제가 희생의 제물이 되겠습니다' 하는 소원을 했다면 그가 히틀러를 살해했다고 해도 정당성이 인정될 것 같다는 의문을 던져본 것입니다. 나를 희생시킬 수 있는 사람은 하나님의 용서와 사랑을 받을 수 있겠기 때문입니다.

H: 바로 그 정신이 예수님의 뜻이라고 봅니다. 밖으로 나타나는 결과는 어떻게 되는지 '내가 죽어서 저들을 살릴 수 있다면…' 하는 마음이 십자가를 선택한 그리스도의 사랑이었을 것입니다. 독일의 목사도 내가 죽어서 이 악의 세계를 정의와 희망의 역사로 바꿀 수 있다면 그 길을 택했을 것입니다. 나 같은 부족한 사람은 거기에까지 도달하지 못하겠지만 그런 마음을 가지고 사는 것이 목사의 길이며 크리스천의 선택일 것 같습니다.

K: 이야기가 여기까지 전개되고 보니까 목사님은 내가 두 사람이 사라져서 삶의 부담을 덜게 되었다고 말했던 것을 나무라고 있는 것 같습니다. 나도 그들이 그런 잘못을 저지르지 않기를 바랐고 죽기 전에 뉘우치고 회개했더라면 더 좋았을 것이라고 생각합니다. 아직은 그들을 싫은 사람, 나를 불행하게 만든 사람으로 치부해왔기 때문에 그들이 없는 세상이 더 기분 좋게 느껴졌는지 모르겠습니다.

H: 한평생을 살다보면 사회적인 사건 못지않게 마음을 괴롭혀오는 대인 관계도 많이 있더군요. 물론 내게도 잘못은 있었겠지만 억울하게 고통을 받거나 피해를 당하게 되면 저런 사람이 원수인가 하는 생각도 갖게 되어요. 그런 때는 저는 목사이기 때문에 두 사람의 기도에서 해답을 얻곤 합니다. '내가 비록 사망의 음침한 골짜기를 다닐지라도 해 받음을 두려워하지 아니함은 주께서 나와 함께하심이라. 주의 막대기와 지팡이가 나를 안위하시나이다. 주께서 나를 위하사 내 원수들 앞에서 상을 베푸시고 기름으로 내 머리에 부으시니 나의 잔이 넘치나이다'라는 다윗의 기원시가 그 하나입니다. 그리고 예수께서 가르쳐주신 기도에서 '우리가 우리에게 죄를 지은 사람을 용서해준 것같이 우리의 죄를 용서해주옵소서. 우리를 유혹에 빠지지 않게 하시며 악에서 구하소서'라는 소원입니다. 두 사람은 인생을 사는 것이 얼마나 어려운지를 같이 체험했던 분이었습니다. 그래서 지금에도, 먼 후일에도 있어야 할 길을 가르쳐주셨고 하나님이 의로우심과 사랑의 아버지 되심을 약속해주셨던 것 같습니다.

나는 두 사람의 대화에 귀를 기울이다가 몇 해 전 내가 드렸던 기도가 기억에 떠올랐다. 그때 나는 오랜 세월 같은 직장에 있으면서 적지 않은 어려움을 나에게 주었다고 생각했던 동료 교수의 영결예배에 참석하고 있었다.

'하나님, 나의 많은 잘못과 죄는 용서하시고, 가시는 분과 그 유가족들을 위로하시고 사랑을 베풀어주시옵소서'라는 기도였다.

조금, 오래된 이야기들

책 속 수필선

나는 친구의 얘기를 속으로 회상해보았다.

역시 김치 철학이 필요하다.

우리의 주체성이 없는 곳에 무슨 사상, 문화가 있을까.

오이김치와 변증론

무슨 음식이 가장 맛있는가 묻는다면 제각기 다른 대답을 할 것이다.

미국 사람 같으면 비프스테이크 이상이 없다고 말할 것이며, 불고기나 냉면을 꼽는 한국인도 있을 것이다.

그러나 대체로 보아 서양 음식 중에는 프랑스가 제일이며, 동양음식에서는 중국을 당할 곳이 없을 것 같다. 세계 어느 나라에도 중국 요리가 없는 곳은 없다. 그러면서도 그 민족의 풍토에 알맞게 만들어낸다. 역시 음식은 왕족이나 귀족들이 긴 역사를 지배해온 나라일수록 발달하는 모양이다. 중국이 그 첫째일 것이며 그 점에서는 프랑스가 서양의 으뜸일지 모른다. 맛이 다채로우며 많은 양념을 쓴다는 점에서도 프랑스를 당할 서양 요리가 없다. 영국 식탁은 너무 검소하며 미국은 무엇이나 영양 본위다. 도대체 미국 음식에는 양념이 없다. 소금, 소스, 후춧가루만이면 된다. 그러니 프랑스인들이 볼 때 미국은 맛과 멋을 모르는 민족이라고 할 수밖에….

그러나 음식의 맛을 지배하는 것은 역시 그 풍토, 기후인 것 같다. 과실들도 제 땅에서야 맛이 있으며 음식물도 풍토를 따라 맛이 변한다. 같은 중국 요리지만 북경요리와 남경요리는 완전히 다르다. 냉면집만 가는 평안도 사람이 있고 비빔밥을 즐기는 전라도 사람들이 있는 것도 그 하나의 실례다.

하지만 생각해보면 음식 맛이란 나이에도 지배를 받는 것 같다. 나 같은 사람은 떡, 부침개 종류, 김치 같은 것은 거의 입에 대지 않는 편이었다. 그러던 것이 요사이는 오히려 그런 쪽으로 기울어지고 있다. 밥이 없는 식탁이란 있을 수 없는 것 같았는데, 거의 4개월을 밀가루만으로 살 수도 있었고, 조반에는 쌀을 먹지 않는다. 점심, 저녁에는 또 밥 이외의 주식을 찾는 경우가 있다.

그러나 이런 얘기가 목적은 아니다.

나는 누가 무엇이라 말하든지 지금까지 가장 맛있는 음식을 두 번 먹은 기억이 있다. 아직도 그때의 미각이 기억이 날 정도로 맛있는 음식을 먹었다.

그때 내가 몇 살이었는지는 잘 생각이 안 난다. 먼 학교에서 돌아오니 옆집 동무들이 기다리기나 했던 듯이 맞아주어 같이 들로 몰려나갔다. 아마 오후 두 시쯤이나 되었을까. 그날도 나는 도시락을 준비하지 않고 학교로 갔던 것이다. 일찍 돌아올 생각이었는지 또는 조밥을 싸 가는 것이 창피해서 그냥 갔는지 기억이 없다. 점심도 안 먹고 두세 시간이나 들로 돌아다녔으니 배가 고프고 시장한 정도는 말로 다 할 수 없는 형편이었다.

동무들과 작별하고 집으로 들어와보니 집은 텅 비어 있었다. 아버지는 어디로 나가셨는지 보이지 않고 어머니는 두 동생을 데리고 친척 집 밭으로 일을 나가신 모양이었다. 저녁때까지는 감감했다.

나는 하는 수 없이 부엌으로 들어섰다. 솥뚜껑을 열고 보니 먹다 남은 조밥 덩어리들이 큰 냄비 같은 그릇에 흩어져 있었다. 한 덩어리를 집어서 씹어 먹으면서 모조리 들춰보았지만 찬이라고는 전혀 없었다. 목이 메어 물을 마시면서 생각해보았다. '그렇지, 장독에는 고추장이 있을 테지!' 생각이 나기가 바쁘게 장독을 들췄다. 짙은 황색의 담뿍장이 있다. 커다랗게 한 숟가락 떠서 토실토실 흩어지는 조밥에 넣고 비벼댔다. 그러고는 세상이 어떻게 되었는지 모른다. 한 알도 남기지 않고 다 먹은 뒤에 밖으로 나왔다. 옆집 뜰에서 애들이 아직도 딱지치기를 하고 있었기 때문이다.

그러나 그때 그 조밥 맛이 얼마나 좋았던지 아직도 잊히지가 않는다. 그렇게 맛있는 음식을 한 번 더 먹어보고 싶지만 다시는 있을 성싶지 않다. 그만한 빈곤과 천진한 소년기가 다시 찾아와야 할 테니 말이다.

재작년의 일이다. 시카고에 한 학기 머물면서는 국제 손님들이

숙식하고 있는 호텔을 겸한 기숙사에 있었다. 밑으로 내려오면 카페테리아가 있고 언제나 원하는 대로 여러 가지 음식을 먹을 수가 있었다.

그러나 모든 것이 다 있다 해도 김치야 어디 있을 수 있는가. 한국에 있을 때는 별로 입에도 대지 않던 김치이건만 몇 달을 끊고 보니 식사 때마다 김치 생각이 났다. 자다가도 김치 소리만 들으면 일어날 정도였다. 김치를 줄 테니 안 오겠느냐고 청한다면 십 리쯤은 당장에라도 달려갈 성싶었다.

어느 일요일 아침이었다. 한 청년에게서 "오늘 한인 교회에서 예배가 있고 나서 간단한 식사가 있는데 안 오시겠습니까?"라는 전화가 왔다. 내가 "글쎄, 김치나 있다면 몰라도…" 했더니, "선생님, 한국 음식에 김치가 없겠어요?"라는 것이었다.

오후 예배가 끝난 뒤 우리는 오이김치 냄새가 무럭무럭 나는 방으로 안내를 받았다. 그때의 기분이란 겪어보지 않고는 누구도 짐작을 못한다. 어쨌든 나는 그 맛있는 오이김치만 두 그릇을 먹었다. 배가 부르고 보니 앞으로 한 달쯤은 김치가 없어도 살 것 같았다.

지금도 생각해보면 그렇게 맛있는 음식이 또 있을까 싶다. 역시 나는 한국 사람이며 김칫독을 헤치며 살아갈 팔자라고 인정해버렸다. 김치를 미친 듯이 그리워하는 내가 서양 철학을 한다는 것이 잘못된 일이 아닐 수 없다.

몇 달이 지나 보스턴에 있을 때였다.

여러 달 못 보던 친구가 이곳으로 찾아오겠다는 편지를 보내왔다. 오랜만에 만나는 친구를 기쁘게 대해주어야겠는데 별로 좋은 방법이 떠오르지 않는다. 그래서 제자였던 Y 군의 차를 빌려 몇 곳을 소개해주도록 계획을 세우고 내 딴에는 친구를 대접하는 최고의 방법으로 오이김치를 담그기로 했다. 뉴욕에 있는 C 씨 부인에게 편지해서 맛있게 김치 담그는 방법을 배운 뒤, 커다란 병 두 개에 채워놓았다. 사흘 전에 담가 넣어두면 친구가 올 때쯤에는 맛있게 익을 것 같았다. 그러고는 하루에도 몇 번씩 꺼내보면서 맛있게 익는 날을 기다렸다. 식사 때마다 먹고 싶은 것을 참으면서….

친구가 온다는 날 낮이었다.

마침 폴 틸리히의 강의를 생각하면서 그의 책을 계속 보고 있었기 때문에, 틸리히 자신은 키르케고르의 입장과 학설에 전적으로 찬동하는 것은 아니고 또 자신의 방법론이 키르케고르와 다르다고 하지만, 어딘가 공통성이 있다는 점을 느끼고 있었다. 그 현저한 하나가 인간적 문제는 '이것이냐 저것이냐'로 해결되는 것이 아니라 그것을 넘어선 제3의 것에 의해서만 풀린다는 입장이다. 그리고 그 태도는 헤겔이나 마르크스적인 무진장의 변증법, 모든 것을 발전 일색으로 보는 견해와는 다르다는 점에서도 일치되는 것 같았다. 말하자면 변증법을 위한 변증법이 아니라 정신적 과제의 해결을 위한 현실적 태도가 양극성과 그 질적 비약에서 오는 문제의 결론이라는 점이다.

키르케고르가 유한과 무한, 자유와 필연, 시간과 영원을 대립시키면서 그 양극성을 지양하는 데 질적인 비약이 가능하다고 본 것같이, 틸리히도 유한과 무한, 존재와 비존재, 자유와 운명, 내용과 형식 등을 대결시키고 있다. 그러나 그 문제들의 해결은 언제나 이것이냐 저것이냐의 어느 하나로 해결되지는 않는다. 그렇다고 '이것도 저것도'라는 양적인 종합에서 해답을 주지도 않는다. '이것도 저것도'를 포함하면서 이것도 저것도 아닌 질적 초월이 있어야 참다운 문제의 해결이 온다는 태도이다.

물론 두 사람 사이에는 또 다른 견해와 방법론적 차이가 있으나, 이렇게 현실적이면서 추상적 체계를 초월하는 견해가 퍽 좋게 느껴졌다. 역시 변증법이란 절대적 체계, 현실을 억지로라도 꾸며나가는 논법이 아니라 정신적 상황과 과제를 있는 그대로 풀어나가는 성격의 내용이어야 할 것이다.

나는 전 시간에 청강했던 서양 철학에서의 변증론을 정리하고 있었다. 헤겔의 변증법은 정신이 주제였기 때문에 논리적 사고가 통할 수 있었고, 마르크스는 변증법적 사고를 유물론으로 해석했기 때문에 경제사 중심의 사회 문제로 전개할 수밖에 없었다. 그러나 키르케고르는 인간 실존의 징신적 과제로시의 변증법적 빙법이 문제였기 때문에 삶의 원리로서 변증론으로 집중시킬 필요를 느꼈던 것이다. 그 결과는 전적으로 다른 결실을 보게 될 수밖에 없었다. 키르케고르가 인간 실존의 질적 변증법을 제시했고, 마르크스는 사회

개혁의 철학을 창출했으나 헤겔은 존재 논리까지 변증적 해석을 내리는 절대주의를 형성했던 것이다.

이런 문제를 생각하면서 책장을 들추고 있는데 전화가 왔다. 떠나지 못하게 되어 미안하다는 친구의 장거리 전화였다. 나는 적이 실망했다. "여보 C 형, 그래 내가 대접하려고 오이김치까지 담가놓고 기다렸는데…. 김치 냄새가 그곳까지 가지 않소?"라고 말했더니, 친구도 "그럴 줄 알았으면 갔을걸…. 좀 남겨두거나 편이 있으면 보내주구려. 전화통에서 김치 냄새가 나는 것 같은데. 사실은 한국서 누가 오늘이나 내일 여기 도착할 예정이라고 해 못 떠나서. K 형은 언제 김치 담그는 것까지 배웠소? 철학이 김치학으로 바뀐 건 아니오?" 하면서 웃었다.

나는 할 수 없이 옆에 머물고 있는 M 교수에게 전화를 걸었다. 저녁에는 내가 오이김치로 한턱낼 테니까 오겠느냐고 물었다. M 교수는 전화를 받기가 바쁘게 "저녁까지 기다릴 것 없지. 지금 곧 갈게" 하더니 잠시 뒤 달려왔다.

우리는 쌀밥에 김치 병을 열고 마주했다.

식사를 시작하면서 나는 "M 선생, 나 아까 변증법에 관한 문제를 생각하고 있었는데, 역사적으로 볼 때 마르크스의 역사관에는 역시 억지로 만든 체계가 심하지요? 그들의 결정론만 하더라도…"라는 얘기를 꺼냈다.

그랬더니 M 교수는 "여보, 나야 김치 먹으러 왔지, 변증법이 무슨 상관이오? 헤겔이나 마르크스가 김치 먹고 변증법을 생각했답디까? 우유에서 변증법이 나왔다면 김치에서는 또 다른 법이 나와야지…. 그렇게 되면 김치 맛이 나나?" 하면서 웃었다. 나도 웃었다.

둘이서 얼마나 먹었는지 두 개의 병 밑에는 마늘, 파, 고추, 생강, 고추씨 등이 깔렸을 뿐, 그 많아 보이던 김치는 단숨에 없어지고 말았다.

나는 친구의 얘기를 속으로 회상해보았다. 역시 김치 철학이 필요하다. 우리의 주체성이 없는 곳에 무슨 사상, 문화가 있을까.

꼴찌에게도 상장을

재작년의 일이다.

미국 워싱턴에 사는 큰딸의 집을 찾았다. 공항에 내려보니 딸만이 마중 나와 있었다. 사위는 병원 근무 시간이기 때문에 직장을 떠날 수 없었고, 외손자 진이는 학교에 있을 시간 같았다.

차를 타고 집으로 들어오면서 큰딸은 나에게 이야기를 했다.

"진이 놈이 머리가 나쁜 것도 아니고 공부도 제법 잘하는 편인데 운동 신경이 너무 둔하고 적극성이 없어서 걱정입니다. 운동은 언제나 꼴찌입니다. 자기도 어차피 운동은 못하는 것으로 단념해버린 모양입니다"라는 것이었다.

이야기를 듣는 나는 약간 서운했으나 인간은 누구나 개성을 갖고 있으며 그 개성을 살려가면 되지 않겠느냐고 위로와 권고를 해주었다.

그러나 어린것이 운동 때문에 일찍부터 열등감이나 좌절감을 갖는다면 걱정이라고 생각했다.

그러는 동안 어느새 집에 도착했다. 온 가족이 저녁을 먹고 이야기를 나누고 있을 때였다.

옆자리에 앉았던 진이가 학교 이야기를 하다가, "할아버지, 내가 학교서 상장을 받은 것이 있는데 보여줄까?"라고 했다.

"무슨 상장인데?"라고 물었더니, "학교에서 운동회 때 받은 상장이야"라고 했다.

자기 엄마의 얘기를 들으면 운동은 아무것도 못한다는 것이었는데, 궁금증이 일어 "어디 보자" 하고 가져오게 했다.

내가 받아본 상장은 생각 밖의 내용이었다. 말하자면 '제일 열심히 뛰었기 때문에 이 상장을 준다'는 것이었다.

나는 상장을 읽으면서 웃음을 금할 길이 없었다. 그렇다. 꼴찌를 했으니 누구보다도 더 열심히 뛰었음에는 틀림없다.

나는 진이에게, "그래, 제일 열심히 뛰었으니까 상장을 받아야지"라고 칭찬해주었다.

손자 녀석도 만족스럽게 웃었다. 나도 흐뭇한 기분에 잠겼다.

그러나 다음과 같은 생각을 하지 않을 수 없었다.

만일 진이가 한국 초등학교에 다녔다면 체육대회나 운동회 때 한 번도 상장을 받아보지는 못했을 것이다.

상장을 받지 못한 것보다도 진이는 열등감과 창피스러움을 벗어날 길이 없었을 것이다. 어떤 선생은 책망을 했을지 모르며 다른 학생들은 꼴찌를 했다고 놀려주기도 했을 것이다. 앞으로는 운동을 더 못하게 되었을지도 모른다.

그뿐만 아니라, 그 열등의식과 좌절감이 오랫동안 진이의 성격과 인생에 흠집을 남길 수도 있었을 것이다. 체력이 약하게 자라도록 한 부모에게 불만도 느낄 수 있으며, 어렸을 적부터 자기 능력의 한계를 스스로 느끼는 불만이 생길 수도 있었을 것이다.

그런 생각을 한다면 그 한 장의 상장이 얼마나 귀한 것인가. 아마 상장을 받은 것은 운동회에 참가했던 모든 학생일 것이다. 꼴찌인 진이가 받았으니 다른 어린이들이야 말해 무엇 하겠는가. 또 만일 모두가 상장을 받았는데 우리 진이만 못 받았다면 진이가 받는 정신적 타격이 얼마나 크겠는가.

생각해보면 진이의 학교 선생님들과 미국 사회는 고마운 사람들이 사는 곳이다. 꼴찌에게 칭찬을 할 수 있는 사회라면 그 얼마나 좋은 세상인가. 그러니까 모든 꼴찌가 귀히 여김을 받으면서 즐겁게 살 수 있는 사회가 되는 것이다.

그런데 우리 교육은 어떤가.

무슨 짓을 해서라도 일등이 되어야 칭찬을 받고 자랑스러움을 느끼는 사회로 굳어져가고 있다. 물론 선의의 경쟁은 필요하다. 그러나 그 선의의 경쟁이 악의 수단과 부정의 방법을 용인하게 된다면 교육은 파국을 면할 길이 없다. 그럼에도 욕심 많은 학부모들 대다수는 수단과 방법을 가리지 않고 이기기를 원한다. 어떻게 해서든지 일등을 만들어야 한다고 생각한다.

자칫하면 같은 생각이 선생들에게도 번질 수 있다. 그래서 선생들은 별로 책임감 없이, "우리 반에서 이 학생이 제일입니다"라는 말을 하게 된다.

그 뜻이 무엇인가. 지난번 시험에 이 학생이 제일 높은 점수를 받았다는 말이다.

시험 성적이 좋았다고 해서 그 학생이 최고가 될 수는 없다. 운동을 잘하는 학생도 있고, 인간관계가 좋은 학생도 있다. 장차 위대한 실업가가 될 학생도 있고 존경받는 예술가가 될 학생도 있다. 성적이 앞섰다고 해서 인격적으로 훌륭한 인물이 된다는 법도 없다.

개성을 소중히 여기는 교육자가 있다면 모든 학생이 다 제일이라는 평을 해야 할 것이다. 모든 학생이 자기 소질과 취미에는 제일일 수 있기 때문이다. 인간은 똑같을 수 없고 또 같아서도 안 되는 것이다.

그러나 더 큰 문제가 있다.

한두 학생을 제일로 삼기 위해 수많은 학생을 열등감과 좌절감에 몰아넣는 일은 얼마나 비교육적인가. 생각해보면 우리들의 잘못된 가치관이 많은 어린 생명에게 고통과 불행의 원인을 만들어주고 있다.

교육이란 어린이들의 능력을 계발해주며 선한 의지와 신념을 뒷받침해주는 일이다. 그 선의의 뒷받침은 모든 학생에게 필요하며 또 있어야 한다. 그렇다면 열등감과 좌절을 느끼는 학생들일수록 더 많은 칭찬과 성장을 위한 후원이 있어야 할 것이다. 어떻게 생각하면 앞서는 학생들보다는 처지는 학생들이 더 많은 칭찬과 격려를 받도록 하는 것이 교육적 책임일지 모른다.

이런 면에서 본다면 우리는 모두 깊은 반성에 잠겨야 하겠다.

'과연 나는 꼴찌인 어린이에게 상장을 줄 수 있을 정도로 자신 있는 교육자가 되고 있는가?' 하고.

한국적이고 서민적인 것

우리가 지니고 있는 가장 민속적인 문화재 중의 하나는 선조가 남겨놓은 도자기이다.

옛 사람들이 죽을 때는 그가 생전 사용했던 물건들을 그의 시신과 함께 묻었던 것으로 생각한다. 그래서 많은 도자기가 무덤 속에서 나오고 있다.

그중에서도 가장 높이 평가받고 있으며, 국제 시장에서 다른 나라의 어떤 도자기에도 뒤지지 않고 고가로 팔리는 것이 고려청자이다. 그래서 우리는 어렸을 때부터 고려청자라는 말을 많이 들어왔다.

그러나 도자기를 진정으로 사랑하고 아끼는 사람은 그 취향이 깊어질수록 조선조 자기를 더 사랑하게 된다. 조선조 자기의 주류를 이루고 있는 것은 역시 백자이다.

백자를 사랑하게 되는 사람은 고향을 기리는 마음보다도 더 짙은 한국의 정취와 향수를 느끼곤 한다. 일본인들이 대대로 물려주면서 사용하는 국보급의 고려잔(주로 찻잔)들은 청자가 아니다. 대부분이 조선조 초기의 잔들이다. 그것도 찻잔으로 쓰려고 만든 제품이 아니다. 어떤 때는 막사발로 사용도 했을 것이며 때로는 작은 밥그릇으로 썼을 것이다.

솔직히 말하면 우리가 대단치 않게 버려두었던 것들이 일본인들의 기호와 취미를 채워준 것이다. 채워주었다기보다는 그들의 정취를 사로잡았던 것이다.

왜 청자는 귀하지만 백자를 사랑하게 되는 것일까?

청자는 중국으로부터 전해 내려왔다. 그것을 좀 더 우아하고 밝은색으로 발전시켰으며 상감기술을 주입하여 우수한 예술품으로 개발했다. 그러므로 청자는 어디까지나 당시 귀족들의 애완 및 관상용이었다.

소유를 자랑삼고 감상하는 눈과 도자기의 예술성을 즐기기 위해 제작된 것들이었다. 그러므로 어떤 울타리를 벗어날 수 없었고, 한 종류의 청자가 형태와 성격을 달리해 발전해왔다.

그러나 백자는 그렇지 않다. 조선조 자기는 어디까지나 생활필수품이었다. 밥그릇으로 사용되었고 술병으로 쓰였는가 하면 시골에서는 막사발로 통하는 것들이었다.

그러므로 그것들 속에는 귀족성이나 사치성이 없다. 다른 나라의 것을 모방할 필요도 없으며 누구에게 보일 욕망이 있었던 것도 아니다.

도공들이 간단한 도구를 메고 다니면서 마을 앞에서 원하는 사람들의 생활필수품을 만들어준 것뿐이다. 예술성이나 관상성 같은 것은 염두에 없었다.

그러나 평생을 그 일에 몸담아왔기 때문에, 그들의 손과 기술은 그대로가 생활 예술에 젖어 있었고 자연미에 통달하고 있었다.

그들의 손끝에서 탄생하는 제품들은 예술을 모르기 때문에 예술을 초월한 생활인들의 작품이었다.

그 작품들은 그대로 생활 일부분이며 모두가 소박한 자연인들의 분신 같은 것들이다.

어떤 때는 어린애들의 청을 받아 만들어준 장난감도 들어가 있으며, 도공들이 빚어놓은 작품에 어린애들이 장난삼아 그려 넣는 조각 그림이 나오기도 한다.

그래서 조선조 자기의 정과 맛을 알게 되면 그 자연스럽고 서민적인 풍취에 젖어들지 않을 수가 없다. 청자는 사랑하기에는 너무 귀하다. 모두의 사랑을 받기에는 지나치게 우아하다. 그러나 조선조 자기는 누구나 사랑할 수 있다. 아낌을 받기에 충분하다. 손을 대보면 내 체온이나 체취가 그대로 자기의 것이 되어버리고 만다.

언제나 '너는 내 것이다'는 생각을 하게 만든다. 이와 비슷한 민족적 체취를 풍기는 것이 조선조 시대의 민화이며 문인화들이다. 우리 것을 사랑하는 사람들에게서는 떼놓을 수 없는 생활 예술품들이다.

내 잘못은 아닌데

지난 정초였다.

가족들이 세배를 위해서 모여들었다.

둘째 딸이 세 딸과 아들을 데리고 왔다. 막내아들이 중 3인데, 자기 아빠는 물론 나보다도 10센티미터 이상이나 크게 자라 있었다.

할머니가, "저애들은 너희 자식이 아닌 남의 집 애들같이 자랐다. 더 크지는 마라. 너무 크면 딸들은 시집가기 어려워진단다"라면서 웃었다.

나도 "너희들 빨리도 자란다"라고 말했더니 큰 손녀가 "할아버지는 옛날에 태어났으니까 결혼을 했지. 요사이 태어났다면 장가도 못 들 뻔했다. 키가 너무 작아서…"라는 것이다. 다른 놈들도 "그래 그래" 맞장구치며 웃었다. 공감인 모양이었다.

그런 때는 항상 인용하는 얘기가 있다. "나폴레옹도 키가 작았고, 베토벤도 뚱뚱하기만 했지 키가 작았고, 칸트는 살도 못 찌고 키도 작았단다"라는 말이다.

웃고 있던 한 놈이, "등소평도 150센티미터라면서요? 한 사람 더 생긴 셈이다"라면서 깔깔거렸다.

사실 우리 집안에서는 내 키가 제일 작은 셈이다. 163센티미터라고 말하곤 했는데, 며칠 전 재보았더니 정확히 162센티미터밖에 되지 않았다.

내 두 동생도 나보다 크고 두 아들도 나보다 큰 셈이다. 딸들은 나보다 작다. 그러니까 남자치고는 내가 유달리 작은 편이다.

중고등학교에 다닐 때도 그랬다.

그때는 키가 작은 학생들이 앞자리에 앉고 키 순서대로 뒷좌석으로 앉도록 되어 있었다. 첫줄에 8명이 앉고 9번부터는 둘째 줄로 가는 것이었다. 나는 둘째 줄 첫 자리에 한 번 앉아본 일이 있었다. 그것도 키를 재는 날 아침, 굽이 높은 신발을 신고 발꿈치를 약간 올린 덕택이었다.

그 학기가 지난 뒤에는 또 앞줄로 되돌아왔다. 그런데 이상하게도, 나와 키가 비슷하던 앞줄 친구들도 그 뒤에는 키가 사라 나보다 커졌는데, 나는 더 자라지를 못했다.

그러다가 일본의 대학에 갔더니 중간 자리가 되는 것이었다. 그 당시는 일본 학생들의 평균 키가 우리보다 작았던 것 같다.

키 작은 사람들은 스스로 밝히지는 않아도 잠재적인 열등의식이 있다.

그 열등감이 가장 심한 경우가 키 큰 친구와 같이 여자 친구들을 대하게 되었을 때이다. 그래서 내 친구 하나는 여자 친구를 만나러 갈 때는 꼭 자기보다 작은 친구를 데리고 가곤 했다. 상대적으로 '내가 작지는 않다'는 것을 보여주고 싶어서인 것 같았다.

나도 여자 친구들과 함께 모일 때는 내 키가 작다는 것을 실감하곤 했다. 여자들은 자기보다 아름다운 친구와는 남자 친구를 만나러 가기 꺼린다는 것도 있을 법한 일이다.

이런 잠재의식 때문일까. 키가 작은 사람은 유난히 가슴을 내밀고 머리를 뒤로 젖히는 습관이 생긴다. 그리고 악수를 할 때는 오른쪽 팔과 손을 앞쪽으로 높이 내미는, 열등감을 숨기려는 것 같은 동작을 취한다. 아마 그 대표적인 동작이 김영삼 대통령에게서 보여질지 모른다. 내가 잘 아는 최현배 선생도 그랬다.

그래서 키가 작은 사람이 허리가 굽는 일은 없다. 오히려 뒤로 젖히고 다니는 편이다.

키가 작은 사람에게 뒤따르는 걱정거리가 있다. 뚱뚱하게 살이 찌면 더 작아 보이고 볼품이 없어진다. 그렇다고 여위게 되면 더 작아 보이기도 하며 남들이 애처롭게 보기도 한다.

나는 그렇게 작은 편은 아니지만, 가까운 친구들이, "바람에 날아가지 않고 잘 다녀왔어?"라고 놀리곤 했다. 여자 친구가 그렇게 말한다면 어디에 숨어버릴 수도 없고….

오래전에는 ××은행 본점에 갈 일이 있었다.

엘리베이터를 탔는데 모두가 키가 큰 아가씨들이 둘러싸고 있지 않은가. 알고 보니 농구 선수들이 함께 탔던 것이다. 나 같은 것은 안중에도 없는 것같이 머리 위에서 서로 마주보면서 얘기를 하고 있었다. 나는 머리를 쳐들고 보아야 누군지 알 수 있을 정도였다.

'무슨 여자들이 저렇게 큰가?'라고 생각했지만, 그 아가씨들은 '어린애같이 작은 남자도 있다'고 생각했을 것이다.

내가 여러 해 관여한 회사가 있었다. 그 사장은 키가 작았고 총무부장은 키가 크고 뚱뚱했다. 두 사람이 같이 지나가면 누구든지 총무부장을 사장으로 착각하고 먼저 인사를 하곤 했다.

그래서 총무부장은 처음 만나는 사람들 앞에서는 언제나 사장보다 5, 6보 뒤에서 따라다니곤 했다. 사장 앞에서 '사장님'이라는 인사를 받는 것이 죄스러운 일 같아 보였다고 한다.

그런데 또 한 가지 답답한 일이 있다. 여자들은 키가 작더라도 아름답기만 하면 된다. 남자들은 키보다도 아름다움을 평가해주기 때문이다.

그러나 남자들은 아무리 잘생겼다고 해도 키가 작으면 여자들이 인정해주지 않는다. 우선 키가 커야 관심을 끌게 되어 있다.

그러나 생각해보면 키가 작다고 해서 나쁠 것은 없다.

키가 큰 사람들보다는 체소體小한 사람들이 대개는 오래 산다. 키 큰 사람이 오래 사는 일은 거의 없다. 그것은 작은 사람이 건강하다는 뜻이기도 하다.

경제적으로도 국민경제에 도움이 된다. 적게 먹고 적게 소비한다. 사실은 옷값이나 음식 값은 물론 버스나 비행기 요금도 싸게 해주어야 한다. 체중이 적기 때문이다. 내 친구의 차를 운전하는 기사가 있었는데, 90킬로그램이 넘는 체중이었다. 차가 한쪽으로 기우는가 하면 식사를 함께 할 수가 없어 다른 기사로 바꾸었다고 한다.

150센티미터 정도라면 약간 적은 편이지만, 나와 같이 160센티미터 정도라면 손해될 것이 하나도 없다. 오히려 키가 크고 싱거워 보이는 사람보다는 작더라도 당찬 사람이 대우를 받아야 할 것 같다.

그런데 키가 작은 남자들에게는 큰 핸디캡이 있다.

그것은 인간적으로 키가 큰 사람들보다 유능하며 존경받을 수 있는 사람이라고 인정을 받는 데 불필요한 긴 세월이 걸린다는 점이다.

150센티미터 정도의 사람이 인정을 받으려면 적어도 마흔은 넘어야 한다. 키가 작은 내 친구들도 그렇게 말한다. 키가 크고 그럴듯하게 생긴 사람들을 다 겪어본 후에야 능력과 실력을 인정받게 된다는 것이다.

투표를 할 때는 더욱 그렇다. 우선 크고 잘생긴 사람이 그럴듯해 보인다. 그래서 기관장으로 선출된다. 반대로 작고 못생긴 사람은 오래 지나본 후에야 바른 평가와 인정을 받게 된다. 그러니까 그 말

없는 손해가 얼마나 큰가.

또 키가 작은 사람은 항상 큰 사람들에 대한 방어의식을 갖고 살기 때문에 마음의 문을 잘 열지 못하는 습관이 있으며, 때로는 아집에 사로잡히거나 융통성이 부족한 경우도 있다.

그러나 이 모든 핸디캡을 극복하고 나폴레옹이 되고 칸트가 되고 베토벤이 되었다면 존경받을 만하기도 하다. 등소평도 모택동보다 존경을 받아 마땅할 것 같다.

설날 세배가 다 끝나고 돌아가는 손주들에게, "할아버지같이 작은 사람들이 있으니까 너희들같이 큰 사람도 생기는 것이다. 할아버지는 너희들을 위해 더 크지 않기로 했다"라고 말해주었다.

모두가 웃으면서 돌아갔다.

길과 구름과 실존

하늘에는 구름이 흐르고 땅에는 길이 깔렸고 내 마음에는 사색이 계속되고….

매일 오후마다 나는 산책을 즐긴다.

어려서부터 길을 많이 걸어야 했고 또 걷기를 즐겼다. 초등학교 5, 6학년 때에는 십 리나 되는 산길을 걸었고 중학교 시절은 이십 리 넘는 먼 거리를 통학했다. 나는 갈대와 같이 모든 꿈을 길 위에 뿌려놓았고, 앞으로 찾아올 삶의 파노라마를 무수히 그렸다가는 지우곤 했다. 그때부터 산길을 좋아했고 자연을 소요하는 습관을 떼어놓을 수 없게 되었다. 부산 피난살이에서는 바닷가 바위틈 자갈길이 잊을 수 없는 인상이 되었고, 서울 삼청동 뒷산 길의 아침 안개는 내 파란 많은 삶에 고요한 보금자리가 되어주었다. 지금도 고개를 넘으면 또 고개, 고개 마루턱에 올라서면 또 굽이도는 산길을 무턱대고 끝없이 걸어보고 싶은 충동을 느낀다. 참으로 돌고 또 돌고, 넘고 또 넘는 산길은 끝없이 우리를 부르는 매혹과 애착, 기대와 불안을 동시에 가져다주곤 한다.

이러한 나에게 지난봄 신촌으로 이사를 오게 된 데는 나만이 아는 하나의 숨겨진 즐거움이 있다. 그것은 아무도 모르는 그러나 우거진 숲, 돌들이 앙상히 드러난 산길, 파란 하늘에 흘러가는 구름만이 아는 즐거움이다.

곧 나는 신촌의 자연을 아끼고 사랑하게 되었고, 도심지에서는 소유할 수 없었던 푸른 하늘, 밤 달빛을 내 것으로 삼았다. 지난여름 친구들에게 신촌은 하늘이 보여서 좋다고 말했더니, 친구들은 내가 거짓말이나 하는 듯이 웃고만 있었다.

그러나 시내 도심지 인조 세계에 사는 그들이 어떻게 하늘과 구름을 소유할 수 있겠는가. 다방 속 연기 자욱한 문명의 노예들과 마주 앉는 것 말고 무엇이 있겠는가. 빗방울이 떨어지는 아침이면 우산의 필요 여부나 알려고 잠시 기계적으로 하늘을 쳐다볼 뿐 도대체 도시인들이란 하늘을 보며 살 필요를 느끼지 못한다.

세상에는 질서가 있고 생활에는 의미가 있듯이 산책에도 이치가 있다. 아침 산책은 마음의 그릇을 준비하고 육체의 건강을 촉진시키는 소임所任을 맡아주고, 저녁 산책은 마음의 내용을 정리하여 육체의 휴양을 채워준다. 사색을 위해서는 오전이나 오후의 소요가 자연의 변화를 동반하지 않으므로 좋고, 자연의 미를 느끼기에는 해 뜨기 전에 떠나서 아침볕과 같이 돌아오는 길이 좋다. 석양을 받으며 떠나서 황혼에 돌아오는 산책도 자연을 감상하기에 흡족하다. 안개 속 소나무 사이로 흘러드는 아침저녁의 고요, 산 밑이 온통 그림자로 채워지는 부드러운 장막 속에 잠겨보는 심정, 이 모두가 얼마나 아름다운 정서인가! 사람들은 바빠서 산책의 여유가 없다고 한다. 평생 그렇게 마음이 바쁜 사람은 큰일을 남기지 못하는 법이다. 동중정 정중동動中靜 靜中動이란 귀한 교훈이다.

나는 봉원사奉元寺 앞 화장터 맞은편 산길을 골라 연세대학교 뒷산 중턱을 끼고서 도는 코스를 택한다. 여러 해 전에는 내 키보다도 낮았던 소나무들이 이제는 내 키의 배나 될 만큼 자랐다. 혼자 걷는 산길은 끝없이 고요하고 아늑하다. 이따금씩 새소리도 들려오고, 여름 장마 때면 샘물이 굴러 흐르는 소리도 들려온다.

생각에 잠기고 문제들이 꼬리를 물고 찾아들면 나도 모르는 사이에 목적지 아닌 종착점에 도달한다. 원래가 산책을 위한 산책은 목적지가 없고 사학자史學者와 같은 관찰이 필요 없다. 그런 것은 나 같은 산책객에게는 돈을 벌기 위해 노래를 부르고 배부르기 위해 차를 마시는 것과도 같이 느껴진다. 산이면 무슨 산이나 좋고 그 이름을 모르는 산이면 더욱 좋다. 구태여 꽃 이름을 묻지 않고 새의 노래를 구별치 않는다. 이렇게 종점에 도달하면 나는 나무가 없는 잔디밭에 누워버린다. 지금까지는 길이 내 발을 끌어주었으나 하늘과 구름은 내 마음을 푸른 저쪽으로 이끌어간다. 빈 마음에 빈 하늘을 담는다. 하늘 끝까지 바라본다. 구름은 파란 하늘에 손님인 양 움직이고 용모를 바꾸며 흘러간다. 검은 연기가 바른편 굴뚝에서 솟아오른다. 홍제원 화장터에서 오늘도 또 하나의 육체가 재로 변하고 있는 것이다. 아까 산책을 떠날 때에는 신촌 화장터 굴뚝에도 연기가 오르고 있었다. 도대체 이렇게 저물었는데 그들의 넋은 어디로 가는 것일까.

내가 산책을 떠날 때, 그때는 신촌 화장터에서 한 육체가 사라지고 있었다. 그리고 지금 여기에 와 보니, 또 하나의 생명이 땅에서 없어지고 있다. 한 생명의 마지막은 나의 산책길에서 시작이 되었고, 또 한 생명의 사라짐은 내 산책길의 마지막이 된다. 결국은 처음이나 마지막이 동일한 것뿐인데 다른 것은 내 주관뿐인지 모른다. 시간은 영구하고 인간들은 그 영원의 바닷가에서 소꿉질을 하다가 사라진다면 거기에 무슨 시종이 있으며 성패가 있으며 행幸과 고苦가 있겠는가. 본래가 무한 속에 유한이란 있을 수 없는 법이며 시간과 영원이란 차원이 다른 것이다. 이런 생각에 잠겨보기도 했다.

그러나 지금까지 나는 두 화장터의 사라지는 생명과 육체들을 남의 것으로 보았고 객관적인 사실로 돌렸다. 그러나 그것이 나의 현실이라고 생각한다면 문제는 달라진다. 삶의 애착보다는 삶의 완성욕完成慾을, 사망의 공포보다는 삶의 주체아를 생각할 때, 비로소 여기에 또 하나의 자아 실존을 발견하게 된다. 나는 신촌 화장터의 죽음을 무시하고 사망의 허무를 박차고 삶의 줄을 타고 떠났다. 안심과 희망과 기대가 있었다. 그 화장터가 멀어질수록 마음의 만족이 찾아왔다.

그러나 새로운 문제가 나타났다. 또 하나의 화장터가 기다리고 있는 것이다. 거기에는 비존재非存在에의 가능성, 삶의 공허화가 있을 뿐이다. 결국은 내 삶이 화장터에서 시작해 또 다른 화장터에 매여 있는 것뿐이다.

니체의 말과 같이 모든 삶은 줄타기를 하고 있는 것일지 모른다. 앞으로 가려니 공허 위에 달려 있는 줄이기에 두렵고, 뒤로 돌아서자니 마찬가지의 공허가 있다. 그대로 머물러 있자니 밑으로 떨어질까 두려워진다.

오히려 다행스러운 것은 내가 사색에 잠겨 앞도 뒤도 모르고 살아왔던 일, 앞을 보지도 않고 생각에 몰두했던 것뿐이다.

그러나 모든 인간은 내 산책과 같은 삶을 그대로 지니고 있지 않은가.

그 사이에 정치를 떠들고 예술을 논하고 학學을 주장하고 돈을 벌고 삶을 즐기고 더 나아가 삶을 연구한다고? 그러는 동안에 인생은 목적지가 아닌 종점에 도달하고야 만다.

여기에 사르트르의 20세기 실존 철학은 먼 옛날 석가세존의 젊은 시절 생각의 한 갈래에 지나지 못하는 이유, 나사렛 예수가 가리키는 손끝을 세인世人들이 부정 못하고 바라보는 이유가 성립되는 것이 아닐까….

선비 정신과 돈

동양 사람들은 속에 품고 있는 생각을 그대로 꺼내지 않는 습성이 있다. 특히 그 생각이 체면에 걸린다거나 남들의 오해를 받을지도 모른다고 생각될 때는 그대로 어물어물해버리기가 일쑤다.

그런 버릇 중에서도 제일 심한 것이 정신적 생활을 하는 사람과 돈의 관계에서 나타나는 모습들이다.

며칠 전의 일이다. 가까운 친구가 불만스러운 푸념을 하고 있었다. 왕복 여섯 시간이 넘는 곳까지 다녀왔는데 백 분간의 강사료가 형편없다는 것이다. 그중에서 몇천 원을 세금으로 감하고 나면 거의 무료봉사를 한 셈이라는 것이다.

나는 "왜 초청을 받았을 때 강사료가 얼마냐고 묻지 않았느냐"고 말했다. 그러나 그 친구가 "김 선생 같았으면 따져 물었겠어요?"라고 반문했을 때는 나도 웃어버리고 말았다.

나도 비슷한 경우를 여러 번 겪었기 때문이다. 어떤 때는 "저희가 할 수 있는 한 최선을 다해보겠습니다"라고 대답해놓고는 "관에서 하는 일이라 어쩔 수 없구면요"라는 식으로 대답해버린다. 생각했던 액수보다 너무 적을 때는 "나쁜 사람들!"이라고까지 말하면서도 강의료는 얼마냐고 묻지 못하는 것이 선비 후예들의 소심성과 옹졸함이다.

며칠 전의 일이다.

모 월간지의 사원이 원고 청탁을 하러 왔다. 쓸 시간이 없으므로 다른 이에게 부탁을 하기로 합의가 되었다. 나는 그 사원에게 "그래, 원고료를 얼마씩 주지요?"라고 물었다. 그 액수를 알아야 대신 부탁할 수 있기 때문이다.

그러나 그 사원의 얘기는 예측했던 그대로였다. "저도 고료가 얼만지는 잘 모릅니다"라는 것이다. 마치 그 표정이 "그런 것을 어떻게 알아가지고 다니느냐?" 하는 듯싶기도 했고, "교수들이 어쩌면 돈타령만 하는지 모르겠다"는 인상 같기도 했다. 나는 할 수 없이 교섭해보라고 말을 했다.

때때로 잡지사에서 원고 청탁 전화를 받는다. 내가 먼저 "고료는 어떻게 해요?"라고 물어본다. 그러면 어딘가 떳떳하지 못한 것 같은 생각도 들고, 또 돈만 생각하는 사람이라고 오해를 받지나 않을까 싶은 기분도 든다.

대부분의 직원들은 "조금 기다려주세요. 알아보고 말씀드리겠습니다" 대답한 뒤 고료를 윗사람에게 물어 대답해준다. 그렇게 되면 고료가 적기 때문에 못 쓰겠다는 말이 나오지 않는다. 왜 그런지 그런 용기가 생기지 않는다.

이렇게 사는 것이 선비의 후예들인 훈장들의 생리이다.

외국 같으면 강연이나 원고를 청탁할 때 모든 내용을 밝힌다. 왕복 교통비는 어떻게 하며 어느 호텔에 머물며, 강사료는 얼마인데 응해줄 수 있겠느냐고 물어온다.

우리가 그런 초청장을 내거나 받으면 '점잖치 못하게 돈 얘기만 앞세우는군'이라고 생각한다. 사실은 가장 큰 관심이 거기에 있으면서도….

그래서 돈 얘기는 제3자를 시켜서 알아보거나 부탁한다. 오히려 우스운 일이 아닐 수 없다. 얼마 전에 작고한 Y 교수는 무슨 부탁을 받을 때마다 사례를 묻는 습관이 있었다. 그 때문에 돈만 아는 사람이라는 오해를 받기도 했다. 솔직한 게 선비 정신이 못 된다는 것이 아니다. 돈을 앞세우는 학자라는 비판을 받는 것이다.

옛날 양반들은 조반을 굶고 나오면서도 이쑤시개는 물고 다녔다고 한다. 체면 때문이다. 오늘의 선비들이 따지고 보면 그런 생활을 하고 있다. 속으로는 앓고 있으면서도 겉으로는 돈 같은 것은 안중에도 없다는 식의 체면이다.

미국인 같으면 누가 3만 원을 받는다면 나는 5만 원 받아야 한다고 솔직히 말한다. 우리도 가수나 배우에게는 그 목적에 따라 차별 대우를 하면서 교수나 정신적 지도자들에게는 다 같은 대우를 한다. '그분들은 점잖은 분들이니까'로 통하면 된다.

언제까지나 이렇게 살아야 할 것인지 모르겠다. 표리가 다른 생활도 좋지 않으나 선비는 돈에서는 초월해야 한다는 식의 생각은 자타가 시정해야 할 것이다.

그러나 사회생활을 하다 보면 몇 가지 석연치 않은 경우들이 있다. 자신들은 높은 봉급과 대우를 받으면서 다른 손님들에게는 무료 봉사를 요청하는 일부 종교계의 처사이다.

관공서에 가보면 식사 대금은 몇만 원씩 지출하면서 사례나 교통비는 몇천 원에 그치는 경우가 있었다. 규정이 그렇게 되어 있어 어쩔 수 없다는 얘기다.

이런 문제들은 어디서부터 시정되어야 하는가.

선비 정신이란 일이 귀하기 때문에 일을 한다는 뜻으로 집중되어야 하며, 사람들에게 일을 부탁하는 측에서는 어떻게 손님을 위해 줄 수 있는가를 생각해야 할 것이다.

돈 때문에 움직이는 지성인도 불행하나, 지성인을 경제적으로 이용하는 사회 풍토도 바로잡혀야 할 것이다.

양복 이야기

나는 새 옷이나 유행에 별로 관심을 두지 않는 편이다.

지금 입고 있는 감색紺色 더블 양복은 17년 전 부산서 피난살이를 할 때 구해 입은 것이다. 양복의 유행도 그동안 많이 달라졌지만 한때 대학생들이 입던 교복과 별로 차이가 없는 빛깔의 천이기도 했다.

그 양복을 입고 학교로 나가면 학생들이 한두 번씩 쳐다보고는 약간 이상한 눈치를 보이곤 한다. 그러나 내 습성을 잘 아는 학생들은 별로 관심을 두지도 않는 모양이다. 구두는 언제나 3년 이상을 신고 있으며, 지금 사용하고 있는 가방도 나한테 온 지는 얼마 안 되지만 20년쯤의 역사는 지니고 있을 것 같다.

남아 있는 시간을 위하여

어느 날 저녁 때 일이다.

학생들이 찾아왔다기에 대문 밖까지 나갔더니 세 젊은이가 정중히 서서 기다리고 있었다.

"무슨 일인데요? 잠깐 들어올까?" 하고 방으로 들어서기를 권했으나 그중 한 학생이, "선생님 바쁘실 텐데, 용건만 잠깐 말씀드렸으면 좋겠습니다"라는 것이었다.

원고나 강연 같은 부탁이리라 짐작하면서, "무슨 부탁이지? 요사이는 좀 시간이 없는데…"라고 발뺌을 할 참이었다.

그러나 약간 어색한 표정으로 서 있던 오른쪽 학생의 요청은 전연 상상 밖의 일이었다.

"선생님, 저희들은 의과대학 연극부원들입니다. 다음 화요일에 공연을 하게 되었는데… (옆 학생들 눈치를 살피고 나더니) 적당한 의상이 없습니다. 18세기 후반기의 무대거든요. 그래서 여러모로 걱정을 하다가, 선생님이 요사이 입고 계시는 양복을 좀 빌려주실까 해서 왔습니다"라는 것이다.

나는 약간 당황했다. 갈아입을 옷도 문제지만 내 양복이 천대를 받고 있는지 귀하게 인정을 받고 있는지조차 알 수가 없었다.

학생들을 세워놓고 방에 들어가 아내와 상의를 했더니 아내도 약간 당황한 표정이었다.

"글쎄, 빌려주어도 좋겠지만… 그러면 양복이 더럽혀질 텐데" 하는 걱정이었다.

"그건 자기네들 보고 세탁을 하래지."

이렇게 되어서 양복을 빌려주게 된 것이다.

며칠 뒤에는 초대권 두 장이 날아 들어왔다. 학교서 돌아온 둘째 놈이, "아버지는 양복을 보기 위해서라도 가실 거다. 이왕이면 한 번 빌려주는 데 천 원씩 받으세요. 열 번만 빌려주면 새 양복이 생길 텐데…"라면서 웃어댄다.

그러나 그 초대권은 남에게 주고 말았다. 연극보다도 내 양복에 더 관심이 가게 되면 연극도 재미없을 것 같았기에….

10여 년 전의 일이다.

고향에서 단신 월남해 온 한 젊은이가 찾아왔다.

결혼을 하게 되었는데 주례를 보아달라는 청이다. 몇 가지 이유를 들어 거절해보았으나 그 이유가 나 자신에게도 정당하지가 못했다. 가장 큰 이유가 있다면 '나같이 나이도 적은 이가 어떻게 주례를 책임질 수가 있을까' 하는 경원심이다.

그러나 친척도 없고 경제적 여유도 별로 없는 고향 청년에게 실망이야 어찌 줄 수 있겠는가.

결국 허락을 한 셈이다.

학교서 강의를 끝내고 지정된 예식장으로 갔다. 벌써 손님들 몇이 웅성대고 있었디. 신랑이 될 청년의 안내를 받아 예식장 옆방으로 들어섰다. 어린 소녀가 들어오더니 "이분이 주례 선생님이세요?"라고 묻는다.

나는 그렇다고 머리를 끄덕거려 보였지만 어딘가 자신도 적고 어울리지 않는 심정이었다. 서른다섯 정도의 나이였으니까 아직은 주례를 맡을 필요도 없었을 것이다.

소녀는 흰 장갑을 한 켤레 주고는 꽃을 포켓에 꽂아주고 나갔다. 다시 한 번 돌아보는 눈치가 '저런 사람도 주례를 서는가?' 하는 것 같았다.

모두 나간 빈 방에서 5, 6분을 기다렸다. 거의 예식이 시작될 것 같은데 아무 연락도 없지 않은가.

바로 그때였다.

문 밖에서 두세 사람의 목소리가 들리더니 문이 열렸다.

약간 시골티가 나는 오십 대 가까운 이가 들어서면서, "자아, 어서 들어와. 한참 찾아 다녔더니 신랑이 여기 있었구먼" 하고 떠들어댄다. 물론 방에는 나 혼자뿐이다.

세 사람이 들어서더니 내 아래위를 살피는 것이 아닌가? 누군가 들어와 얘기를 해주어야 할 차례지만 아무도 보이지 않는다. 아마 신부 측 가족들이 신랑 구경을 온 모양이었다.

맨 뒤에 섰던 늙은이가 "응, 신랑은 그만하면 잘 골랐군…" 하고 평한다.

나는 "저는 신랑이 아닙니다"라고 말할 수밖에….

이번에는 당황한 손님들이, "그러면 신랑은 어디로 갔을까…" 하면서 나가버렸다.

얼마 뒤 식이 시작됐다. 강단으로 올라서는 것을 본 노인이, "아아, 저이는 주례 선생이셨군" 하는 소리가 들려왔다.

다음날 오후 교수실에서 그 얘기를 꺼냈더니 모두 한바탕 웃는 것이었다. 웃음이 끝난 뒤 한 교수가, "그래, 주례 양복도 지금 그 양복이었소?"라고 묻더니, "그러니까 학생복을 입은 신랑으로 보았던 모양이지"라고 덧붙였다.

새 양복은 새 옷대로 좋은 점이 있다. 그러나 낡은 옷은 그대로 편리하고 정 드는 맛이 있다. 오직 그동안 유행이 달라져 어디에서도 더블 양복을 볼 수가 없다는 것이 유감이다. 가족들도 이제 그만 입는 편이 좋겠다는 것이다.

그러나 유행이란 이상한 것이다.

재작년 잠시 일본에 들렀더니 거기서는 다시 더블이 나돌기 시작하고 있지 않은가. 그렇게 되면 내 양복은 구식에서 신식으로 새로운 각광을 받게 될 것이다. 유행도 지치면 되돌아오게 마련인 것이다. 하기야 역사도 반복한다는데….

철학의 죄는 아닌데

1

벌써 두 달이나 지난 얘기다.

서울역 앞길에서 차를 기다리고 있는 시간에 우연히 길가에 벌여 놓고 파는 만년필들을 구경하게 되었다.

"어느 것을 사시렵니까?"

"사기보다는 좀 구경을 했으면 해서 그럽니다."

"이거 하나 사세요. 요사이 많이 팔리는 기자용 펜입니다."

이렇게 말하면서 젊은 상인은 위를 꼭 누르면 알이 나오고 또 옆 의 꼭지를 누르면 찰칵하고 알이 들어가는 볼펜을 하나 보여주었 다. 나에게는 처음 보는 귀엽고 신기로운 펜이었다.

"그거 참 편리하군요."

"좀 비싸서 그렇지, 아주 편리하고 좋은 신품입니다."

"그래, 그것이 얼마나 되지요?"

"점잖으신 선생님이시니까 제값대로만 말씀 올리지요…. 이런 데서 잘못 사시면 아주 속기 쉽습니다. 천칠백 원만 주시지요."

나는 속으로 그리 비싼 값은 아니라고 생각했다. 보기도 말쑥했고 편리해 보였기 때문이다.

"다음에 하나 사지요. 오늘은 구경 잘했는데…" 하고 돌아서려고 했더니 그 젊은 사람은 따라오면서 "선생님, 하나만 팔아주세요. 오늘은 이번이 개시인데 개시에 못 팔면 하루 종일 장사가 안 됩니다. 값은 밑져도 좋으니까, 이것이 개시예요"라고 달려든다.

그 진실한 표정과 태도가 믿음직스러웠고, 그렇다면 하루 장사에 폐를 끼쳐서야 되겠는가 싶었다.

"그러나 값이 좀 비싸 보이는데…."

"선생님, 제가 다 사정하지 않았어요. 그러면 억지로 파는 것 같아서 안 됐지만 난 한 푼도 안 붙이고, 천오백 원 본전에라도 가져가세요."

"그렇게 되면 내가 미안하지 않소?"

"아니 괜찮아요. 개시만 잘하면 되는 거에요."

나는 그의 말대로 돈을 치르고 돌아섰다. 펜이 하나 생겼으니 좋고 그의 마음도 편해졌을 테니 서로 즐거운 일이었다.

두 주일쯤 전 일이다. 어떤 학생이 나와 똑같은 펜을 가지고 노트를 정리하고 있었다. 나는 웃으면서 "그 펜이 내 것과 똑같은데…얼마 주었소?"라고 물었다. 값이 궁금해서라기보다도 내가 얼마나 싸게 샀는지 알고 싶었기 때문이다.

"선생님께서도 이런 것을 사셨어요? 제 것은 신품입니다. 칠백 원 주었지요"라고 대답한다.

"천칠백 원이요?"

"아닙니다. 천칠백 원이면 더 좋은 것을 살 수 있을 텐데요."

"그래요?"

나는 더 말할 재미가 없었다. 그 진실해 보이던 장사꾼의 얼굴이 눈앞에 나타나는 것 같았다.

"선생님은 얼마나 주셨어요?"

"그럼 나는 좀 더 주고 샀나?"

"한 천 원 주셨어요?"

"난 아주 싸게 사느라고 천오백 원을 주고 샀는데…."

나도 그 학생도 웃었다. 옆에 있던 한두 학생도 따라 웃었다.

한 학생이 "철학자가 만년필을 사시니까 값에 관한 문제는 초월하셨던 거지요"라고 중얼거렸다.

같은 만년필을 가졌던 학생은 "그래도 선생님께서 더 주고 사셨으니까 좀 맘이 놓입니다. 다른 분보다는…"이라고 말했다.

나는 속으로 이 학생들이 또 무슨 우스운 소리를 하려는가 싶어서 "왜 그렇소?"라고 웃으면서 돌아서려는데 그 학생이 "그 만년필

속에는 철학적 가치가 더 들어 있을 것이 아니겠어요? 우리들 같으
면 퍽 기분 나쁜 일일 텐데…. 선생님이야 마찬가지 아니겠어요?"
라는 것이다. 잘 이해할 수 없는 말이었다. 내가 그만큼 훌륭하다는
말인지, 또 그만큼 어리석다는 말인지. 그러나 학생들의 말은 나보
다도 철학에 대한 말인 듯싶어서 더 이해하기 곤란했다.

2

이것은 3년 전 이야기다.

서점에 들러서 책을 사느라고 주머니에는 단돈 10원도 남지 않았
다. 또 그때는 돈을 넣고 다니는 습관도 없었으므로 필요한 돈만 가
지고 나가곤 하던 때였다.

할 수 없이 광화문에서 신촌까지 걸어오는 방법밖에는 도리가 없
었다. 아현동까지 왔을 때는 배가 고프고 다리가 아파올 정도로 피
곤해진 저녁때였다. 좀 가까울 성싶어 아현동 뒷골목 시장 길을 걷
고 있는데 두 젊은이가 인사를 한다. 그중 한 청년은 반년 전 내가
강의하고 있는 과를 졸업한 이였다. 반갑게 인사를 나누고 돌아서
려는데 "선생님, 제가 좀 따라가면서 말씀이나 듣다가 돌아와도 괜
찮습니까?" 하고 졸업생이 묻는다.

"아, 좋고말고요. 바쁘지 않으세요?"라고 대답했다.

그 졸업생은 같이 가던 친구에게 양해를 구하더니 성큼 뒤를 따

라왔다. 몇 마디 반가운 인사를 나눈 뒤 나는 그 청년이 무슨 얘기를 하려는가 싶었다. 그러나 그 청년의 얘기는 전연 상상 밖이었다.

"선생님은 참 행복해 보이십니다."

"갑자기 그건 또 무슨 말이오?"

"모든 사람들이 전차나 버스에 시달리느라고 야단들인데 홀로 이렇게 명상에 잠기면서 복잡한 시장 길을 가시는 걸 보니까 부럽습니다."

나는 이 학생이 좀 어떻게 되지 않았나 싶었다. 20원이 떨어져서 팔자타령을 할 지경인데 행복은 또 무슨 행복인가 묻고 싶은 심정이었다.

"그렇게 행복해 보입니까?"

나는 속으로 쓴웃음을 웃었다.

"졸업한 지 반년밖에 안 됐습니다마는 어쩐지 마음의 안정도 없고 고요한 분위기도 안 생깁니다. 생각해보니까 선생님 같은 생활태도가 제일일 것 같아요. 버스나 전차가 있어도 걸을 수 있고, 시장에 사람들이 들볶을지라도 명상에 잠길 수만 있다면 얼마나 좋겠어요?"

나는 굳이 그에게 버스 값이 없어서 그랬다고 말할 필요는 없을 것 같았다. 그의 행복에의 이념을 깨뜨릴 이유는 없었기 때문이다.

"좀 그렇게 해보세요. 하면 되는 일일 텐데….."

"그러게 말씀입니다. 선생님같이 모든 일에 달관할 수 있어야 되겠는데, 어디 좀체 그렇게 됩니까? 철학을 배우는 것보다도 철학을 해야겠는데 잘 안 됩니다."

"뭐, 거리를 걸어야만 철학이 되나요?"

"아니, 그 말씀이 아니고 시장을 걸어갈 수 있는 마음의 여유, 저
녁 해를 바라보면서 무엇인가 사색에 잠길 수 있는 그 심정이 얼마
나 좋습니까?"

나는 더 빗나갈 것 같기만 했다.

"참 무슨 긴급한 얘기라도 있어요?"라고 물었다. 그가 우선 따라온
이유를 알고 싶었고 또 그의 길이 점점 멀어질까 염려되기도 했다.

"무슨 특별한 얘기야 있겠습니까? 반년 간이나 못 뵈었으니까 같
이 좀 걸으면서 말씀이나 들었으면 하는 거지요."

이러는 동안 10여 분이 지나고 우리들의 길은 고갯마루까지 다다
랐다.

"그러면 돌아가는 길이 멀어지는데 어서 돌아가보세요. 공연히
피곤할 테니까."

벌써 해는 서산에 걸렸고 작은 오막살이에서는 연기가 실낱같이
사라지고 있었다.

"좀 더 따라가고 싶습니다만 고요한 명상 시간을 방해하는가 싶
어서 돌아가겠습니다."

그는 단정히 인사를 하고 돌아섰다. 나는 그의 순하고 부드러운
마음이 무척 좋았다. 몇 발짝 앞으로 걸어오다가 머리를 돌렸다. 그
청년도 머리를 돌리고 나를 바라보고 있었다. 나는 웃으면서 손을
들었다. 그는 약간 머리를 숙여 인사를 하고 많은 사람들이 웅성대

는 시장 안으로 사라졌다. 나는 그 좁은 골목길을 내려오면서 '행
복? 불행?'을 속으로 중얼거려보았다. 역시 알 수 없는 일들이다.

3

바로 며칠 전의 일이다. 날씨가 갑자기 서늘해져서 낡은 겨울 모
자를 쓰고 시내까지 갔다가 집으로 돌아오는 길이었다.

2, 3일 전에 여름 모자를 세탁소에 맡겼던 일이 기억에 떠올라 세
탁소 앞에까지 갔다. 몇천 원을 주고 모자를 사기보다는 세탁을 해
서 한두 해 더 쓰자는 심산이었다. 사백 원을 주고 새로 단장한 것
같은 모자를 찾아 들고 나섰다. 바로 그 옆이 요새 새로 생긴 시장
이었고, 거기에는 잘 아는 생선집 할아버지가 있었다. 생선을 사지
않을 때에도 이따금 생선 구경을 가는 버릇이 있었으므로 나도 모
르게 그 앞에까지 갔다.

"좋은 생선들이 나왔어요? 좀 구경이나 합시다."

나는 여러 모양을 한 생선들이 가지런히 누워 있는 모습을 보는
것을 퍽 즐기는 편이다.

"어서 구경하세요. 내일은 도미국을 먹는 날입니다. 마침 값도 싸
졌으니까…"

이렇게 말하면서 할아버지는 큰 도미 한 마리를 싸 준다. 오늘 따
라 안 산다고 할 수도 없고 또 받아 들자니 한 손에는 모자, 또 이편

손에는 가방이 들렸다.

"생선은 고마운데 어떻게 들고 가나…."

"아, 그 모자는 위에다 또 쓰시면 되지 않아요?"

"남들이 보면 무어라겠소?"

"아, 뭐라 하긴요? 여기서 댁까지는 사람이 많길 하나…."

"그럼 또 쓸까?"

이렇게 되어서 나는 두 손에 물건을 들고 모자를 두 개나 쓰고 집까지 오게 된 것이다.

지나가는 사람들이 힐끔힐끔 쳐다보았으나 할 수 없는 일이었다.

K 선생과 몇 분들이 계시는 사택 동리 앞을 지나가는데 K 선생의 아들애가 "선생님, 모자를 두 개씩 쓰십니까?"라고 묻는다.

"그럼, 요새는 겨울하고 여름의 중간이니까 겨울 모자와 여름 모자를 함께 써야지…" 하며 웃는 말을 남기고 돌아왔다.

어제는 강의 때문에 학교로 나갔다. 마침 K 선생께서 손짓을 하면서 찾기에 따라갔더니 간단한 얘기 끝에 하는 말이다.

"아니, 철학자들은 모자를 두 개씩 써야 합니까?"

"그건 또 무슨 말씀입니까?"

"우리 어머님이 선생께서 모자를 두 개씩 쓰고 다니신다고 걱정을 하시던데요?"

"왜요?"

"그렇잖아도 우리 어머님은 김 선생이 철학을 하시기 때문에 좀 이상하다고 걱정이신데…."

"무엇 때문입니까?"

나는 웃음을 참아가며 물었다.

"그 선생님은 철학 공부인가 무언가 하시느라고 해가 질 때만 되면 산으로 올라가서 어둡도록 돌아다니고… 쌀이 떨어졌다면 '그럼 난 한 끼 굶을까?' 그러신다고 하던데…. 오늘 저녁에는 모자를 두 개씩 쓰고 지나가면서 겨울에는 겨울 모자, 여름에는 여름 모자를 쓰고 오늘같이 선선한 날에는 두 개씩 써야 한다고 그러시더라구요."

이것이 K 선생이 전해주는 그분의 어머니 말씀이었다.

나는 오래전에 "우리 어머니는 철학은 이상한 공부라고, 김 선생님만 보시면 호기심이 많으신가 봐요?" 하던 K 선생의 말이 생각나서 웃었다.

K선생은 "별일 없지요? 나는 어머니 말씀이 이상해서 얘기한 것뿐이에요" 하더니 강의실로 들어가버렸다.

나는 무어라고 대답할 바를 몰랐다. 철학은 가장 인간을 지혜롭게 만든다는데 나만은 지혜의 철학 때문에 바보가 되어가는 것 같았다.

꿈 이야기

어떤 모임에서 겨레의 앞날과 조국의 여러 가지 근심스러운 일들을 얘기하고 돌아온 날 밤이었다. 한국 전쟁 때 통일이 돼야 했다는 얘기도 있었다.

동해 같아 보이는 곳이었다. 많은 겨레가 삼팔선을 가운데 두고 살고 있었다.

그리고 그 지역이 마치 기다란 반도의 모양이었고, 반도의 바다로 뻗어 있는 부분은 험악한 산악 지대여서 아무도 살지 못하는 곳으로 되어 있었다.

얼마 뒤 큰 홍수가 나서 평야로 된 한반도 전체가 잠기고 말았다. 사람들은 할 수 없이 높은 산지로 피난을 갈 수밖에 없었다.

남아 있는 시간을 위하여

무수히 많은 사람이 이제는 바다의 작은 섬과 같이 남겨진 높은 곳으로 모여들었다. 주위에는 흉흉한 파도가 넘실거리고 있었다.

그러나 얼마나 다행스러운 일이랴! 평지에서는 삼팔선이 남북을 가르고 살았는데, 여기 산지는 모두 생명을 걸고 피난을 온 곳이기 때문에 삼팔선은 물론 공산, 민주도 없는 것이 아닌가. 모두 그립던 가족 친구들이 서로 만나서 격조했던 심정을 풀고 즐거움과 행복에 도취된 사람들로 가득 찬 낙원이 되어버린 것이다.

15년간이나 그리워하며 원하던 생활이 홍수로 말미암아 이루어진 것이다. 자연의 위력이 인간들의 악함을 씻어버렸고, 홍수로 인한 불행마저도 무력한 민족에게 축복을 준 것이 아닌가 싶었다.

모든 사람은 노래와 찬송과 감사를 제각기 울리고 있었다.

그러나 그러는 동안에 홍수에 잠겼던 평지는 다시 물이 빠짐과 더불어 드러나기 시작했고, 산 밑의 넓은 들이 전과 같이 눈앞에 펼쳐졌다. 모두가 환성을 질렀다.

"보라, 이제는 저 축복의 평야로 내려가 이전보다 더 행복한 영광을 누릴 것이 아닌가. 이제는 홍수가 삼팔선마저도 지워 없애버렸으니까…."

누군가가 외쳤다. 그러나 그 음성은 한 사람만의 목소리는 아니었다. 누구나 다 똑같은 심정을 가지고 있었기 때문이다.

피난민들은 모두가 이삿짐을 짊어지고 서로 가족, 친척, 이웃들과 더불어 산 밑으로 내려가려 했다.

그러나 바로 그때였다. 민족의 지도자라고 하는 몇몇 정치가들이 그 앞에 나타났다.

"안 됩니다. 절대로 안 됩니다. 이남 사람은 이남으로 가고, 이북 사람은 이북으로 가야 합니다. 삼팔선은 우리가 다시 만들어줄 테니까, 그렇게 해서는 안 됩니다."

그들은 명령을 내렸다.

이삿짐을 짊어진 우리는 멀리서 그가 누구인지 바라다보았다. 외국인 같기도 했고 우리나라의 지도자 같기도 했으나 누군지 분간할 수는 없었다.

모든 사람은 마음으로부터 반대하였으나, 어느 사이에 군대가 나타나고 경찰들이 몰려들어 시민증과 공민증을 검사하고 있었다. 사람들은 할 수 없이 다시 슬픈 눈물의 이별을 하지 않을 수 없었다.

나는 무엇이라고 고함을 지르고 싶었으나 도무지 입이 열리지 않았다. 옆에 있던 이북서 온 내 사촌 동생의 옆구리를 쿡 찔러 나 대신 말을 좀 하라고 책망했더니 동생이 용기를 얻어 고함을 질렀다.

"자, 그러면 우리는 삼팔선이 있는 평지로 내려가기보다는 차라리 여기서 살기로 합시다."

그러나 얼마나 불행한 사실이냐? 두 경찰관이 나타나더니 사촌의 공민증을 조사하기 시작했다.

"이북 놈이군."

그중의 이북 보안서원이 동생을 잡아끌고 가는 것이 아닌가. 끌려가면서 뒤를 돌아보는 동생의 얼굴에는, "형님, 난 죽으러 갑니

남아 있는 시간을 위하여

다. 하늘나라에서나 봅시다"라는 음성이 가득 차 있었다. 나는 슬퍼져서 오른손을 들어 푸른 하늘을 가리켰다.

사촌이 보이지 않게 된 뒤 주위를 살펴보았다. 저 산 밑으로는 피난 보따리를 둘러멘 똑같은 동족들이 삼팔선 남북으로 갈라져 줄을 지어 끌려가고 있는 것이 아닌가. 그대로 여기서 머물고 싶다던 젊은이들이 쇠사슬에 묶여 뒤를 따르고 있었다.

그 사실을 내려다보면서 나는 하염없이 울었다. 실컷 울다가 울음소리에 깨고 나니 꿈이었다.

나는 길게 한숨을 쉬었다.

두 손으로 한참 동안 얼굴을 꼭 싸고 꿈의 남은 환영이 사라지기를 기다린 뒤에 잠을 청했으나 좀체 잠이 오지 않았다.

프랑스의 사상가 파스칼은 "그는 강 건너편에 살고 있었다"라는 말을 했다.

갑이 을을 몽둥이로 때려죽이고 있다. 을이 물었다.

"너는 왜 나를 아무 이유도 없이 때려죽이려는가?"

그에 대하여 갑은 대답하는 것이다.

"네가 만일 강 이편에 살고 있었더라면 내가 너를 죽이는 것이 악이며 살인죄가 된다. 그러나 너는 강 저편에 살고 있기 때문에 내가 너를 죽이면 나는 용사가 되고 애국자가 되는 것이다. 그러니까 나는 너를 죽이려는 것이다."

그렇다면 도대체 그 강이란 무엇인가? 정치가 말하는 정의의 선이다. 옛날부터 그 강은 국경선이었고, 오늘날엔 삼팔선이 하나 더 가해진 것이다.

정의의 표준이 어디에 있는가. 모스크바에 사는가, 워싱턴에 사는가에 있다. 평양에 사는가, 서울에 사는가에 있다.

자연은 아직 한 번도 지구에 줄을 그어준 일이 없다. 오히려 인간들이 만든 줄들을 거듭해서 지워주었을 뿐이다.

그러나 인간들은 평생토록 줄을 긋고 있는 것이 아닌가. 마치 그것이 인생의 목적이기나 한 듯이.

"이러한 인간의 선들이 없는 곳이 있기 위해서라도 내세來世는 있어야 해"라고 중얼거리는 내 눈에는 눈물이 흘러내렸다.

생사를 알지 못하는 부친의 얼굴이 나타났고, 그렇게 남쪽 하늘을 우러러보면서 죽음의 길을 택해야 했던 동생들의 모습이 눈에 아른거렸기 때문이었다.

그러나 지금은 꿈은 아니다.

정이라는 것

1

오래전에 있었던 얘기다.

평양 시에서 약 이십 리쯤 떨어진 산골 마을에 살던 우리는 작은 개 한 마리를 기르고 있었다. 3년 동안이나 정들여 길러왔을 뿐, 종류가 좋은 개도 못 되었고 특별히 영리한 개도 아니었다. 그저 기르는 동안에 정들었고 식구와 같이 산 밑 오막살이에서 자랐을 뿐이었다. 그러던 것이 어떻게 된 셈인지 그 개가 한 발을 앓게 되고 마침내 그 때문에 한 다리를 절단까지 하고야 말았다.

그해 늦은 여름, 평양에 사는 큰어머니께서 집에 다녀가시면서 그 개를 좀 데려가면 좋겠다는 청을 했다. 부친도 처음에는 그 청을 반기지 않았으나, 동네에서 새로운 강아지를 또 얻을 수 있기에 약간 다리를 저는 개를 보내기로 작정한 것이다. 온 가족이 섭섭함을 금치 못했다. 어린 동생들이 제각기 정다운 작별의 뜻을 나누고 떠나보냈다. 개는 3년이나 지키고 있던 집을 여러 번 돌아다보면서 끌려갔다.

몇 차례 부친이 평양에 다녀만 오면 동생들은 개가 잘 있는지 다리가 좀 나았는지 묻곤 하였다. 그러나 개가 집을 떠난 지 한 달쯤 되었을까 싶은 어느 날 아침이었다.

식탁에 둘러앉은 동생이, "어젯밤 꿈에서 큰어머니 댁에 간 개를 보았어. 개가 앞뜰에서 문을 열어달라고 야단하던데…"라고 말했다. 작은 누이동생이, "나도 우리 개를 봤어. 이놈의 개가 언제 여기까지 왔어? 그러면서 쫓아 나갔더니 어디 갔는지 없어졌던데…" 하고 떠들었다. 그러나 개꿈을 꾼 것은 두 동생만이 아니었다. 어머니도 같은 밤 꿈에 개를 안아보았다는 것이다. 어머니는, "분명히 한다리를 절고 있더라"라고까지 말하고 있었다.

조반이 끝난 뒤, 부친은 별로 볼일도 없었으나 평양까지 다녀오기로 했다. 아무리 생각해도 궁금했던 모양이다. 그러나 오후에 돌아온 부친에게서 온 가족은 퍽 섭섭한 소식을 들었다. 큰어머니께서 그 개를 기르고 있었으나 다리를 점점 더 심하게 절어 그만 개장수에게 팔아버렸다는 것이다. 그리고 가족들이 꿈에 본 바로 그날이 팔려 간 날이었다는 얘기였다.

남아 있는 시간을 위하여

나는 얼마 뒤 그 얘기를 들었을 때 퍽 이상한 느낌이 들었다. 역시 정은 동물의 세계에까지도 통하는가 싶었다.

2

이것은 지난여름의 일이다.

비교적 동물이 많은 우리 집에 까만 고양이 한 마리가 들어왔다. 어머니께서 강아지 한 마리와 바꾸어 온 것이다.

밥을 겨우 먹을까 말까 싶은 새끼 고양이를 길러서 제법 커다란 고양이가 되었다. 집에서는 그 빛깔이 보여주는 그대로 "깜둥아, 깜둥아"라고 불렀다.

그러나 이놈의 고양이가 무척 많은 사고를 저질렀다. 음식 그릇을 뒤집어엎는다든가, 선반에서 물건을 떨어뜨리는 일은 흔히 있을 수 있는 일이다. 그러나 온 가족의 귀여움을 받고 있는 문조를 한 마리 잡아먹어 남은 한 마리를 외롭게 만드는가 하면, 장에 올라가 비둘기 새끼를 몇 마리나 잡아먹었다.

사고가 있을 적마다 어른들은 고양이를 내버려야 한다고 야단이지만 작은놈은 언제나 고양이 편이다. 이불 속에 넣고 자는가 하면 점심밥을 남겼다가 같이 나누어 먹을 정도로 귀여워한다.

그러던 어느 날, 마침내 큰 사고가 터지고야 말았다. 얼마 전에 옆집으로 이사 온 댁에서 병아리를 기르기 시작하였는데, 깜둥이가 어떻게 뚫고 들어갔는지 우리 속에서 병아리 새끼를 십여 마리나 죽여버린 것이다.

옆집에서는 큰일이라고 야단이었다. 이윽고 적지 않은 돈을 변상하고 깜둥이는 할 수 없이 뜰 한 모퉁이에 목이 매여 지내는 신세가 되었다.

어린것들의 고민과 고통은 고양이의 부자유보다도 더 커진 셈이다. 작은놈은 여전히 밤만 되면 고양이를 풀어주었다. 그러나 큰 사고 없이 그렇게 한 주일이 갔다.

어느 날 오후였다. 동네 부인이 찾아와 우리 고양이가 자기네 병아리를 또 몇 마리 죽였다는 것이다. 어린것들은 이번에는 우리 고양이의 짓이 아니라고 항변했으나 그 일을 가지고 더 언쟁할 수도 없는 일이었다.

나는 할 수 없이 그날 저녁 가정 예배를 끝낸 뒤, "자, 이 고양이를 어떻게 했으면 좋을까?" 하고 식구들에게 의견을 묻기로 했다. 작은놈은 자기가 책임을 질 것이니 괜찮다고 변명했으나 마침내 누구에게 주든가 파는 편이 좋겠다는 결론을 내렸다.

사나흘이 지난 뒤, 마침 군에 입대해 있던 동생이 휴가로 돌아왔다. 나는 동생에게 깜둥이를 처리하도록 부탁했다. 이리하여 1년이나 정들었던 깜둥이가 사고 때문에 집을 떠나게 된 것이다.

5, 6일이 지난 어느 날 저녁때였다. 시내 학교에 다니고 있던 어린것이 대문을 열고 들어서면서 떠들어대는 것이 아닌가. "나 오늘 깜둥이를 봤어. 저 아현동 시장 어느 쌀집에 매여 있더라"는 것이다.

그 소리를 들은 어린것들이 우르르 밀려들더니 곧 뛰어나가는 것이다. 나는 날도 저물었는데 저녁을 먹고 공부를 해야 한다고 타일러 겨우 만류했다. 밤에 동생에게 물어보았더니, 용산 친구네 집으로 고양이를 가지고 가다가 쌀가게 집에서 너무 졸라서 주고 말았다는 것이다.

다음 날 저녁때였다. 식탁에 둘러앉은 어린것들은 한 놈도 빼지 않고 그 쌀가게에 모두 다녀왔다는 것이다. 모조리 깜둥이 얘기만 하고 있었다. 어머니와 아내도 한몫 끼어서 어디쯤 누구네 가게더냐고 묻고 있는 것이 아닌가.

"아니, 어머님도 보실 작정입니까?"

"내가 뭐 하러 가겠니, 저것들이 떠들어대니까 물어본 게지."

"그 집에서들 웃겠습니다. 갈 테면 떡이라도 사 가지고 가야지."

나는 웃으면서 식탁을 물러났다.

2, 3일 뒤의 일이다. 아현동 삼거리에 볼일이 있어 버스를 내렸다. 다시 버스를 타려고 할 때 문득, 두 정류장만 걸어가면 우리 깜둥이가 있다는데 들러볼까 싶은 생각이 들었다. 나는 먼지를 무릅쓰고 애들이 말하던 가게까지 갔다. 틀림없이 깜둥이가 목이 매인 채 쌀가게 위에 앉아 있는 것이다. 쥐를 지키기 위해서일 것이다.

나는 아무 생각 없이 "깜둥아!" 불렀다. 깜둥이는 여전히 동그란 눈을 깜박이면서 "야옹야옹" 두세 번 소리를 질렀다. 목을 쓸어주고 품에 안아보았다. 깜둥이는 금세 내 품에서 잠이라도 들듯이 사르르 눈을 감는 것이 아닌가.

바로 그때였다.

"아니, 이번에는 바깥어른까지 오셨군요."

쌀집 영감님의 얘기다. 나는 당황하지 않을 수 없었다.

"어린것들이 들러서 고양이 구경을 하고 갔지요?"

미안한 듯이 말했다. 그러나 노인의 대답은 더 나를 놀라게 했다.

"어제 오후에는 할머니 한 분이 다녀가시더니, 오늘 아침에는 아마 사모님인 듯싶은 분이 한참 데리고 놀다가 가셨는데요. 또 오실 분들이 있습니까?"

나도 한참 웃었다.

"이젠 더 올 사람이 없을 겁니다. 제가 마지막이니까요."

한 번 더 고양이 머리를 쓸어주고 돌아섰다. 그러고는 다시 한마디 부탁하기를 잊지 않았다.

"우리 어린애들이 또 들르면 제가 왔다고 그러지 마십시오."

다짐을 하고 돌아왔다. 왠지 아버지의 위신이 떨어지는 것 같기도 했다.

3

성경에는 때때로 하나님께서 어떻게 인간들을 사랑하신다는 얘기가 있다.

목자와 길 잃은 양의 비유, 농부와 포도밭의 비유, 아버지와 집을 떠난 아들의 비유, 사랑하는 애인을 찾는 남성의 비유 들이다.

그 모두가 깊은 정에 얽혀 있는 아름다운 표현들이다. 혹시나 어리석은 인간이 이러한 얘기들을 통하여서라도 하나님의 지극한 사랑의 마음을 알 수 있을까 하여….

하나님과 인간의 사이는 인간과 동물의 사이보다도 멀다. 그러나 하나님의 인간에 대한 사랑은 그 먼 거리를 무한히 단축해 아버지와 아들의 사이로 만들었던 것이다.

남아 있는
시간을
위하여